Auguste Comte zur Einführung

Gerhard Wagner

Auguste Comte zur Einführung

JUNIUS

Junius Verlag GmbH
Stresemannstraße 375
22761 Hamburg
Im Internet: www.junius-verlag.de

Umschlaggestaltung: Florian Zietz
Titelfoto: Privatbesitz
Satz: Druckhaus Dresden
Druck: Druckhaus Dresden
Printed in Germany 2001
ISBN 3-88506-335-2
1. Auflage März 2001

Die Deutsche Bibliothek – CIP-Einheitsaufnahme

Wagner, Gerhard:
Auguste Comte zur Einführung / Gerhard Wagner. –
1. Aufl.. – Hamburg : Junius, 2001
(Zur Einführung ; 235)
ISBN 3-88506-335-2

Inhalt

Vorwort

Über Auguste Comte (1798-1857), den Gründervater des Positivismus und Namensgeber der Soziologie, ist so viel geschrieben worden, dass man Bibliotheken damit füllen könnte. Was es, soweit ich sehen kann, noch nicht gibt, ist ein ohne besondere Vorkenntnisse lesbarer Essay, der zwei Grundbedingungen jeder Beschäftigung mit Comtes Werk erfüllt: Es muss als eine Einheit und es muss aus der Zeit heraus begriffen werden, in der es entstand. Comte widmete Leben und Werk der Lösung eines Problems, das mit der Französischen Revolution akut geworden war und von der Restauration verschleppt wurde: Wie konnte eine mit dem Fortschritt verträgliche und dennoch dauerhafte Ordnung aufgebaut werden?

Im ersten Kapitel des vorliegenden Essays wird der Gegensatz von Revolution und Restauration rekonstruiert, den Comte aufheben wollte; der Leser erfährt über die damalige Zeit, was er wissen muss, um Comtes Intention nachvollziehen zu können. Das zweite Kapitel ist dem Plan zur Reorganisation der Gesellschaft gewidmet, den Comte in seiner Jugend fasste und an dessen Verwirklichung er bis zu seinem Tod arbeitete. Im dritten und vierten Kapitel wird diese Verwirklichung in Theorie und Praxis nachgezeichnet: die Begründung der Soziologie als einer Wissenschaft von der Entwicklung der Menschheit, die Gründung der Religion der Humanität und der Versuch, eine soziokratische Ordnung im Rahmen einer »Okzidentalen Republik« zu errichten. Das fünfte und letzte Kapitel spürt Comtes Einfluss nach; es zeigt sich, dass er keineswegs der tote Hund ist, den viele heute in ihm sehen.

Dieser Essay ist als Einführung konzipiert. Philosophische, politologische und soziologische Grundbegriffe sowie historische Zusammenhänge werden deshalb en passant oder in Anmerkungen geklärt. Die französischen Zitate wurden vom Verfasser unter Mithilfe von Peter-Ulrich Merz-Benz ins Deutsche übertragen.

Danken möchte ich für Rat und Tat Stefanie Eifler, Uwe Jochum, Britta Kalscheuer, Rüdiger Kramme, Peter-Ulrich Merz-Benz und Marcus Otto. Darüber hinaus danke ich Detlef Horster, dem Mitbegründer dieser Reihe und Mitglied des wissenschaftlichen Beirats. Gewidmet ist das Buch Guy Oakes, meinem Lehrer und Freund, zu seinem 60. Geburtstag (er möge mir meinen Historismus nachsehen).

1. Zwischen Revolution und Restauration

Auguste Comte wurde am 30. Nivôse VI im südfranzösischen Montpellier geboren. Seine Geburt fiel in die Zeit, in der die Uhren Frankreichs anders gingen. Gemeint ist die Zeit der Französischen Revolution. Auf sie muss sich einlassen, wer Comtes Werk verstehen will.

Die Französische Revolution wurde von einem wirtschaftlich erstarkenden Bürgertum getragen, das seine Interessen in der zu einem Privilegiensystem verkommenen Ständeordnung des Ancien Régime nur unzulänglich verfolgen konnte. Sein Ideal war ein Ordnungsmodell, das auf der Annahme basierte, eine aus freien Individuen bestehende Gesellschaft bringe aus sich selbst heraus Wohlstand für alle hervor, während der Staat nur den Schutz der Freiheit zu garantieren habe. Schützenhilfe erhielt das Bürgertum von den Aufklärungsphilosophen, die im Namen des Fortschritts das christliche Weltbild als Priestertrug entlarvten und dadurch jenen Glauben an die Heiligkeit einer jahrhundertealten, durch Tradition überkommenen Herrengewalt erschütterten, der dem Ancien Régime als Legitimation diente.

Mit dem wirtschaftlichen Bankrott des Regimes kam es zur Einberufung der Generalstände und damit zur Konfrontation. Das zum dritten Stand zählende Bürgertum nahm die Vorrechte der beiden anderen Stände nicht länger hin. Weil Adel und Klerus Reformen verweigerten, erklärte sich der dritte Stand gegen den Willen König Ludwigs XVI. am 17. Juni 1789 im Ballhaussaal von Versailles zur Nationalversammlung.

Dieser revolutionäre Akt hatte nicht die Beseitigung der Monarchie[1] im Sinn, sondern zielte auf eine Veränderung der Gesellschaftsordnung; nachdem der Funke der Revolution vom Saal auf die Straße übergesprungen und die Bastille erstürmt war, schaffte die Nationalversammlung am 4. August die Feudalrechte ab, um am 26. August die Menschen- und Bürgerrechte zu erklären. Dennoch hatte der revolutionäre Akt die Souveränität des Monarchen zerstört, was die Frage nach der Legitimierung seiner weiteren Herrschaft aufwarf. Die Nationalversammlung antwortete mit einer Verfassung[2], welche auf dem Prinzip der Volkssouveränität basierte und die nunmehr aus freien Individuen bestehende Gesellschaft in die Lage versetzte, dem Monarchen einen Herrschaftsauftrag zu erteilen und diesen zugleich durch Gewaltenteilung zu begrenzen, um die Menschen- und Bürgerrechte zu wahren.

Mit dieser Verfassung, die am 3. September 1791 in Kraft trat, sollte das Ordnungsmodell des Bürgertums realisiert werden. Allein sie fand nicht die erforderliche Akzeptanz. Ludwig XVI. war mit der ihm zugebilligten ausführenden Gewalt ebenso unzufrieden wie jene Bürger, die lieber radikal mit der Vergangenheit gebrochen hätten. Die fortgesetzte Illoyalität des Königs und seine Sympathie für die europäischen Mächte, die sich im Namen der alten Ordnung zum Krieg gegen Frankreich verbündeten, führten am 10. August 1792 zu seiner Absetzung und damit zum Ende der Monarchie. Nun wurde nach amerikanischem Vorbild ein Nationalkonvent einberufen und mit der Ausarbeitung einer Verfassung für die erste Republik Frankreichs beauftragt, deren Beginn man auf den 22. September 1792 datierte.

Die Bürger erlebten diesen Bruch als beispiellose Zäsur. Endlich sollte das von den Aufklärungsphilosophen verheißene Zeitalter der Vernunft anbrechen. Dazu musste indes nicht nur eine Verfassung formuliert, sondern auch der tief im Alltag wurzelnde Traditionalismus ausgemerzt werden. Noch immer bildete für die 25 Millionen Franzosen, von denen 85 Prozent auf dem Land lebten, die christliche Religion »den tragenden Grund des Alltagslebens und aller geistigen Gewohnheiten. Sie bestimmt den Rhythmus der individuellen und der kollektiven Existenz, wie sie im Schatten der alten Dorfkirchen und nach dem Schlag der Kirchturmuhren abläuft. Von der Wiege bis zur Bahre über die Festtage und die Zeiten der Bedrängnis ist die Kirche, ist der Priester Herr über den Kalender des Lebens.«[3]

Mit dem Schließen der Gotteshäuser war die Einflussnahme der christlichen Religion auf die Lebensführung der Menschen nicht zu beseitigen, bestimmte sie doch nach wie vor deren Zeitbewusstsein. In der Tat war die auf dem gregorianischen Kalender basierende Zeitrechnung durch und durch christlich geprägt: Die Jahre wurden von der Geburt Jesu an gezählt; ein neues Jahr begann am Tag seiner Taufe; die siebentägige Woche hatte in der Genesis ihr Maß; und die Tage selbst trugen die Namen von Heiligen oder wiesen auf christliche Feste hin. Dies musste den aufgeklärten Republikanern als abergläubische Tradition erscheinen, mit der die Erinnerung an die »ère vulgaire« wach gehalten wurde. Das Zeitalter der Vernunft am Zeitmaß des Aberglaubens zu messen wurde untragbar, als man mit der Hinrichtung Ludwigs XVI. das Ende einer Herrschaftsordnung von Gottes Gnaden inszenieren wollte, das Ereignis aber nach christlicher Zeitrechnung auf den 21. Januar 1793 datieren musste.

Nach vorbereitenden Debatten in seinem Erziehungsausschuss setzte der Nationalkonvent im September 1793 eine aus führenden Naturwissenschaftlern bestehende Kommission zur Erarbeitung einer neuen Zeitrechnung ein. Damit holte er für die Zeit nach, was zwei Jahre zuvor für den Raum erreicht worden war: die Einführung eines Messsystems, das insofern rational war, als es in der Natur ein objektives Maß hatte und sich seiner dezimalen Gliederung wegen einfach handhaben ließ. Die Erdgestalt bot ja ein objektives Längenmaß, das man in Zehnerschritten gliedern konnte. Ein Meter konnte als der zehnmillionste Teil der Länge eines Erdmeridians zwischen Nordpol und Äquator bestimmt werden; diesen Teil wiederum konnte man in Dezimeter und Zentimeter unterteilen, größere Längen ließen sich entsprechend errechnen.

Für die Zeit gab die Natur mit der Erdrotation ebenfalls ein objektives Maß vor, das sich dekadisch gliedern ließ. So befand die Kommission, ein Tag solle zehn Stunden, eine Stunde hundert Minuten und eine Minute hundert Sekunden dauern. Entsprechend sollten zehn Tage eine Woche bilden, aber drei mal zehn Tage einen Monat, um so nah wie möglich am Rhythmus der Natur zu bleiben. Es wäre unvernünftig gewesen, die Mondphasen und Jahreszeiten zu dezimalisieren. Vernünftig schien jedoch, das Jahr nicht mehr mit dem 1. Januar beginnen zu lassen, sondern mit dem 22. September, an dem es ein Äquinoktium, eine Tagundnachtgleiche, gibt. Zweimal im Jahr, am 21. März und am 22. September, steht die Sonne im Äquator. Sie geht morgens um 6.00 Uhr auf und abends um 6.00 Uhr unter. Tag und Nacht sind gleich lang, was als natürlicher Start ins neue Jahr betrachtet werden konnte.

Geschickt machte sich die Kommission also das zufällige Zusammentreffen der Gründung der Republik mit dem Herbstäquinoktium zunutze, um einen rational begründbaren Jahresanfang einzuführen. Und was hätte näher gelegen, als das Gründungsjahr zum Jahr I des neuen Kalenders zu machen?

Am 20. September 1793 erstattete der Mathematiker Gilbert Romme dem Konvent Bericht über die Kalenderreform. So wie die Sonne von einer Hemisphäre zur anderen gewandert sei, sei das französische Volk von der Monarchie zur Republik übergegangen. Mit dem 22. September 1792, an dem die Sonne in die

Tagundnachtgleiche und in das Zeichen der Waage eingetreten sei, solle deswegen die »ère française« beginnen: »So wie die Tagundnachtgleiche sich gerade zu der Zeit am Himmel zeigte, zu der die bürgerliche und moralische Gleichheit durch die Abgeordneten des französischen Volkes als geheiligtes Fundament seiner neuen Regierung proklamiert wurde. So hat die Sonne gerade an dem Tag beide Pole und nach und nach den ganzen Erdball erhellt, an dem zum ersten Mal über der französischen Nation die Flamme der Freiheit in völliger Reinheit schien – die Flamme der Freiheit, die eines Tages der ganzen menschlichen Gattung leuchten wird.«[4]

Mit dem Dekret *Über die Ära der Republik* vom 5. Oktober 1793 trat die neue Zeitrechnung rückwirkend in Kraft. Was noch zu tun blieb, war, Namen für die Monate und Tage des neuen Kalenders zu finden. Romme hatte mehrere Vorschläge unterbreitet, auf die man sich nicht einigen konnte, weil sie entweder zu mathematisch-abstrakt oder zu politisch-konkret waren. So wurde eine zweite Kommission einberufen, in der neben Romme die Poeten Fabre d'Eglantine und Marie-Joseph Chénier sowie der Maler Jacques-Louis David tätig wurden.

Ihre Lösung war so einfach wie genial. Indem sie die Namen dem Wechsel der Jahreszeiten ablauschten, sorgten sie nicht nur für eine starke Identifikation seitens der vorwiegend ländlichen Bevölkerung; ihnen gelang es darüber hinaus, im Sinne der Fortschrittstheorie der Aufklärungsphilosophie die Weltgeschichte an ihr Ende zu bringen. Denn in einen natürlichen Zyklus eingeschlossen, konnte die »ère française« von keiner anderen politischen Zukunft überholt werden: »Der Kampf der beiden Kalender, des republikanischen und des katholischen, war der Kampf der Vergangenheit, der Überlieferung, mit der ewigen Gegenwart, der Berechnung und der Natur.«[5]

Im Revolutionskalender wurde die Fortschrittstheorie der Aufklärungsphilosophie zur politischen Institution. Die Koinzidenz zwischen Theorie und Praxis ist bemerkenswert, hatte doch Condorcet, der »letzte der Philosophen des großen achtzehnten Jahrhunderts, der alle überlebte, um ihre Theorien auf den Kampfplatz des Lebens geschleudert zu sehen«[6], seinen *Entwurf einer historischen Darstellung der Fortschritte des menschlichen Geistes* just einen Tag zuvor, also am 4. Oktober 1793, fertig gestellt.[7] Darin hatte er die Weltgeschichte in zehn Epochen eingeteilt, wobei die neunte zur Gründung der Republik geführt haben soll. Er datierte die Gegenwart demnach an den Beginn des zehnten und letzten Zeitalters, das eine rationale Ordnung und »wirkliche Vervollkommnung des Menschen«[8] herbeiführen werde.

So spiegelten also die Monatsnamen auf poetische Weise klimatische Eigenarten wider oder wiesen auf Arbeiten in der Landwirtschaft hin.[9] Der Kalender begann mit dem Herbstmonat Vendémiaire, in dem die Weinlese (la vendage) stattfindet, es folgte der Nebelmonat Brumaire (la brume) sowie der Reifmonat Frimaire (le frimas). Den Winter bildeten der Schneemonat Nivôse (la neige), der Regenmonat Pluviôse (le pluvial) und der Windmonat Ventôse (le vent). Im Frühjahr folgten auf den Keimmonat Germinal (la germe) der Blütenmonat Floréal (la floraison) und der Wiesenmonat Prairial (la prairie). Und im Sommer gab es den Erntemonat Messidor (messis), den Hitzemonat Thermidor (thermique) und schließlich den Früchtemonat Fructidor (le fruit).

Ebenso raffiniert war die Konstruktion der Kalendertage. In jeder Dekade bekamen die auf 1 bis 4 und 6 bis 9 endenden Tage Namen von Pflanzen und die auf 5 endenden Tage Namen von Tieren. Jeder zehnte Tag erhielt den Namen eines Arbeitsgeräts. Die Benennung war freilich nicht beliebig, sondern folgte, wie es der Poet Arno Schmidt ausdrückte, »mit tiefer Einfühlungsgabe und Würdigung von Naturleben und Menschenwirksamkeit«[10] dem Wechsel des Jahreslaufs.

Comte erblickte demzufolge am »Sieb« genannten 30. Tag des Schneemonats Nivôse im Jahr VI das Licht der Welt. Wer dazu einfach 19. Januar 1798 sagt, versteht nicht, welcher Zeit Kind er war; er begreift nicht »Geist und Ton jener Zeit«[11] und wird folglich auch nichts mit dem Kalender anzufangen wissen, mit dem Comte ein halbes Jahrhundert später die Quintessenz seiner Arbeit auf den Punkt bringen sollte...

Sicher war Comte insofern ein Kind seiner Zeit, als er sich für die Naturwissenschaften begeisterte. Er war aber mehr als nur der Gründervater eines strikten Positivismus, der alle theologischen und metaphysischen Erklärungsmuster verwarf und auch noch die soziale Wirklichkeit mit naturwissenschaftlichen Mitteln erklären wollte. Comte war auch insofern ein Kind seiner Zeit, als ihn sein Lebtag lang die Vollendung jenes gesellschaftspolitischen Projekts beschäftigte, dessen Verwirklichung die Revolutionäre angestrebt hatten. »Positivist« nannte er sich auch und vor allem, um klarzustellen, dass er dieses Projekt zu einem positiven Ende bringen wollte, wozu ihm die positive Wissenschaft als Mittel dienen sollte.[12]

Tatsächlich war es den Republikanern nicht gelungen, eine den bürgerlichen Vorstellungen entsprechende Ordnung zu errichten. So zügig sie die Kalenderreform vorantrieben, so stockend verlief die Ausarbeitung der Verfassung.

Condorcet, der als Abgeordneter des Département Aisne im Konvent saß, hatte zwar im Februar 1793 den Entwurf einer Verfassung mit demokratischem Zuschnitt vorgelegt.[13] Sein Plan setzte sich aber nicht durch. Dafür war nicht nur der Konflikt zwischen den Parteien im Konvent, der Gironde und der Montagne, verantwortlich. Die Republik steckte in einer Krise, die ihren Bestand fraglich erscheinen ließ. An den Grenzen standen die Mächte Europas, in den Provinzen tobten gegenrevolutionäre Aufstände und in Paris herrschte Hungersnot, was die Sansculotten, die Revolutionäre der Straße, zu Demonstrationen veranlasste.

Der Konvent reagierte am 21. März mit der Gründung eines Überwachungsausschusses. Am 6. April berief er einen so genannten Wohlfahrtsausschuss ein, der sich bald zum Zentrum der Macht entwickelte. Die am 24. Juni beschlossene, nach ihrer pompösen Proklamation am 10. August jedoch gleich wieder suspendierte Verfassung des Jahres I war wenig mehr als der hastige Versuch, die Bürger von den despotischen Zügen abzulenken, die die Republik angenommen hatte. Man hatte sie gar nicht mit Bindungsabsicht erlassen, sondern nur eine vorteilhafte Darstellung des Regimes erreichen wollen. Als die Macht im Wohlfahrtsausschuss an die Montagnarden Jean Paul Marat, Georges Danton und Maximilien de Robespierre fiel, wurde die Republik vollends zur Despotie.

Für Robespierre rechtfertigte der Ausnahmezustand den Einsatz von Terror: »So wie im Frieden die Triebfeder der Volksregierung die Tugend ist, so ist es in der Revolution die *Tugend und der Schrecken* zugleich [...].«[14] Er ließ die Aufstände in den Provinzen niederschlagen, wobei selbst ernannte Wohlfahrtsausschüsse den Schrecken vor Ort verbreiteten. In Paris fielen dem Terror sowohl die Sansculottenführer zum Opfer als auch die Girondisten, darunter Condorcet, der im Juli 1793 wegen seiner Kritik an der Verfassung denunziert worden war und sich seitdem auf der Flucht befunden hatte; man fand ihn am 8. Germinal II im Gefängnis von Bourg-la-Reine tot auf. Schließlich fraß der Schrecken (la terreur) seine Kinder. Danton endete ebenso auf dem Schafott wie die Montagnarden Fabre d'Eglantine, der sich um die Kalenderreform verdient gemacht hatte, und Hérault de Séchelles, der die Verfassung eingebracht hatte.

Ich denke gern.
JUNIUS
www.junius-verlag.de

Nicht zu schweigen von abertausend anderen: »Am 29. Prairial übertraf sich der Henker Sanson selbst, als er in weniger als einer halben Stunde 54 Menschen den Kopf abschlug, eine ›Leistung‹, für die ihm vom Wohlfahrtsausschuß eine Extragratifikation zugesprochen wurde [...].«[15]

Mit dem Sturz des tugendhaften Tyrannen am 9. Thermidor II endete die »terreur« der Wohlfahrtsausschüsse. Der Schrecken war damit aber noch nicht vorbei. Vor allem im Süden des Landes kam es zur »terreur blanche«, zur Rache royalistisch Gesinnter an den Vertretern der Schreckenszeit. Auch sah sich getäuscht, wer auf die Triebkraft der Tugend gehofft hatte, deren Bedeutung für den Bestand einer Republik seit Montesquieu bekannt war, wie das Beispiel Robespierres zeigte.[16] Am 5. Fructidor III trat zwar eine Verfassung in Kraft. In der darauf folgenden Zeit, in der ein fünfköpfiges Direktorium regierte, blühte indes die Korruption. Es kam zu Wahlmanipulationen; die Grundbesitzer und Spekulanten bereicherten sich wie ehedem Adel und Klerus. Aufstände begleiteten den schleichenden Staatsbankrott, Räuberbanden zogen durchs Land, die Kriege lenkten von der Anarchie kaum mehr ab.

Der Staatsstreich am 18. Brumaire VIII war der Anfang vom Ende der Republik. Napoleon Bonaparte, der sich im Krieg als charismatischer Führer profiliert hatte, stürzte das Direktorium und stellte die Weichen für die Restauration des Ancien Régime. Er selbst wollte allerdings mehr als eine Monarchie. Die Konsulatsverfassung vom 24. Frimaire VIII gewährte ihm als Erstem Konsul die Souveränität, die er sich mit der Ernennung zum Konsul auf Lebenszeit am 14. Thermidor X sicherte, während er die grundrechtlichen Freiheitsgarantien im Code Napoléon aufhob. Am 28. Floréal XII ließ er sich zum Kaiser proklamieren, am 9. Frimaire XIII setzte er sich im Beisein des Papstes in der Pariser Kathedrale Notre-Dame selbst einen goldenen Lorbeerkranz aufs Haupt. Die Republik war durch eine Militärdespotie ersetzt worden.

Napoleon wusste um die Bedeutung von Symbolen, weswegen er am 10. Nivôse XIV den Revolutionskalender außer Kraft setzte. Damit war die Revolution beendet, ohne dass ihr gesellschaftspolitisches Projekt verwirklicht werden konnte. Der 1. Januar 1806 wurde wieder nach christlichem Maß angegeben und mit ihm die Tage der Herrschaft Napoleons, die allerdings gezählt waren.

Gewöhnlich ist ein Herrschaftsverband, dessen Legitimation in der affektiven Hingabe an die Person eines Führers und dessen Gnadengaben gründet, nicht sonderlich stabil. Der Charismatiker muss sich permanent bewähren. Napoleon suchte die Bewährung in den Kriegen, mit denen er Europa überzog. 1812 wendete sich mit dem Untergang seiner Armee im russischen Feldzug sein Kriegsglück, die Freiheitskriege führten zur völligen Niederlage, sodass er am 6. April 1814 abdanken musste. Seine Rückkehr im Frühjahr 1815 blieb ein kurzes Intermezzo (Cent jours), das in Waterloo endete. Nachdem die adeligen Staatsmänner der Siegermächte auf dem Wiener Kongress die Wiederherstellung der vorrevolutionären Ordnung besiegelt hatten, war die Restauration nicht mehr aufzuhalten.

1814 hatte Ludwig XVIII., ein Bruder Ludwigs XVI., den Thron bestiegen. Wie dieser glaubte er seine Herrschaft durch das Gottesgnadentum legitimiert, das die Dynastie der Bourbonen seit zwei Jahrhunderten für sich reklamierte. Jetzt konnte der Adel wieder die Ämter okkupieren, während der Klerus an Einfluss gewann, indem er die monarchische Souveränität als gottgewollt verklärte. In den Zwanzigerjahren verschärfte sich die Lage noch. 1824 starb der König, ihm folgte sein Bruder Karl X., der in Papst Leo XII. einen nicht minder intransigenten Mitstreiter für die Sache der Restauration fand. Dieser war allem Fortschritt gegenüber so feindlich eingestellt, dass er sogar Pockenimpfung und Straßenbeleuchtung verbot.

Im selben Jahr, in dem Ludwig XVIII. den Thron bestieg, begann Comte ein Studium an der Ecole polytechnique in Paris, nachdem er, aus kleinbürgerlichen Verhältnissen stammend, die Aufnahmeprüfung als Viertbester des Landes bestanden hatte. Die Ecole polytechnique war vom Konvent zur naturwissenschaftlichen Ausbildung von Offizieren und Ingenieuren gegründet worden. Obwohl sie mit dem Zerfall der Republik zu einem Refugium republikanischen Geistes geworden war, hatte Napoleon sie nicht geschlossen, weil er die Früchte von Forschung und Lehre für seine militärischen Ambitionen benötigte. Der republikanische Geist war noch spürbar, als Comte dieses, wie er es später in seinem *Cours de philosophie positive* nannte, »vornehme revolutionäre Institut« (C6: III) besuchte.[17] Mit der Restauration Ludwigs XVIII. waren Lehrer und Schüler jedenfalls gleichermaßen unzufrieden.

Der Monarch ließ die Ecole, die ihm ein Dorn im Auge war, im April 1816 vorübergehend schließen. Comte, der kurz zuvor wegen einer Insubordination der Schule verwiesen worden war, kehrte bei ihrer Wiedereröffnung nicht zurück. Die Aufnahme war an ein Loyalitätsbekenntnis zum König geknüpft, das er offenbar nicht leisten wollte. Tatsächlich hat er im Juni 1816 in einem ersten schriftstellerischen Versuch mit dem Titel *Meine Betrachtungen* nicht nur das Gottesgnadentum des Monarchen kritisiert, sondern diesen auch als schurkischen Tyrannen porträtiert.

Comte hatte seinen Text angesichts der blutigen Racheakte geschrieben, in denen sich vor allem im Süden Frankreichs der Hass der Royalisten auf Republikaner und Bonapartisten entlud. Er machte den König für diese neue »terreur blanche« verantwortlich und er stellte, wie der Untertitel seines Pamphlets anzeigt, unter Anrufung der Werte »Humanität, Wahrheit, Gerechtigkeit, Freiheit, Vaterland« einen Vergleich des Regimes von 1816 mit dem von 1793 an, um zu beweisen, dass der König den Terroristen der Montagne an despotischer Gewaltsamkeit in nichts nachstehe. Er richte sich ja nicht einmal nach der von ihm selbst oktroyierten, »Charte constitutionelle« genannten Verfassung: »Ludwig XVIII. hat diese alles andere als liberale Charta, die dem Tyrannen so große Machtbefugnisse einräumte und es ihm so einfach machte, sie zu befolgen, seither des Öfteren verletzt, wenn die Raserei des Despotismus sich seiner Interessen bemächtigte. Tatsächlich [...] wurde die Pressefreiheit zerstört, wurden ungeniert die Adligen, die Priester und die Emigranten protegiert, wurde all denen mit Geringschätzung und Hass begegnet, die eine Rolle in der Revolution gespielt oder teil gehabt hatten an den Triumphen unserer Armeen.« (R: 429)

Obwohl sich Comte in seinen *Betrachtungen* an das französische Volk wandte – mit jenem Gestus des »Ich klage an« (R: 421), der Emile Zola 1898 in der Dreyfus-Affäre zum Urbild des modernen Intellektuellen machen sollte –, hat er sie doch nicht publiziert. Umso konsequenter erscheint sein Entschluss, nicht weiter an der Ecole zu studieren.

Comte schlug sich als Nachhilfelehrer durch, bis er 1817 Sekretär von Henri de Saint-Simon wurde. Einem uralten Adelsgeschlecht entstammend, hatte sich dieser als Opportunist durch Republik und Kaiserreich gebracht. Nachdem er sich vergebens Ludwig XVIII. angedient hatte, führte er das Leben eines Privatgelehrten und Publizisten. Er arbeitete an sozialreformerischen Schriften, bei deren Formulierung ihm Comte mehr als nur zur Hand ging. Comte war über Saint-Simons Vergangenheit nicht im Bilde, und da sich dieser zu einem Freund der Revolution stilisierte, glaubte Comte in ihm »die lebendige Revolution«[18] zu erkennen.

Das Verhältnis beider Männer kann als Symbiose verstanden werden, als ein Austausch von sozialem und kulturellem Kapital. Saint-Simon hatte Kontakte zur Gesellschaft, die Comte nutzen konnte. Im Gegenzug betätigte sich Comte, der über die solidere Bildung verfügte und besser schreiben konnte, als Ghostwriter. Er entfaltete eine rege schriftstellerische Tätigkeit (E), in deren Verlauf er sich allerdings mehr und mehr von Saint-Simon und den Ideen emanzipierte, die dieser in den Pariser Salons aufschnappte.

1824, mit der Publikation der zweiten Auflage des *Opuscule fondamental*, dieser grundlegenden kleinen Schrift[19], kam es zum Bruch. Comte profilierte sich nicht nur als eigenständiger Denker, sondern legte auch ein gesellschaftspolitisches Programm vor, an dessen Umsetzung er die nächsten drei Jahrzehnte arbeiten sollte. Dieser *Plan der wissenschaftlichen Arbeiten, die für eine Reorganisation der Gesellschaft notwendig sind* »enthält sein System in einer Nußschale, und nicht nur das des *Cours de philosophie positive*, der in sechs Bänden 1830 zu erscheinen begann, sondern auch das des Alterswerkes, des *Système de politique positive*, dessen vier Bände von 1850-54 erschienen sind«[20].

2. Ein Plan zur Reorganisation der Gesellschaft

Mit seiner kleinen Programmschrift reagierte Comte auf das Spannungsverhältnis, das sich in den vergangenen Jahrzehnten zwischen Revolution und Restauration aufgebaut hatte. Er interpretierte dieses Verhältnis im Sinne einer Krise, in der sich ein epochaler Wandel Ausdruck verschaffe. Das soziale System der Vergangenheit, das er das theologisch-feudale nannte, sei in definitiver Auflösung begriffen, ohne dass Klarheit über die Ordnung des sozialen Systems der Zukunft herrsche. Die Gegenwart werde vielmehr durch das Wirken zweier entgegengesetzter Kräfte geprägt, die sich wechselseitig lähmen. Der einen, fortschrittlichen Kraft sei die Zerstörung des alten Systems zu verdanken; zum Aufbau einer neuen Ordnung trage sie aber nichts bei. Die andere, rückschrittliche Kraft sei um den Aufbau von Ordnung bemüht; ihr gehe es jedoch nur um die Wiederherstellung des alten Systems.

Diesen Gegensatz wollte Comte aufheben. Die Restauration des theologisch-feudalen Systems, die unter Ludwig XVIII. vom Klerus und Adel – sekundiert von den Philosophen der so genannten rückschreitenden Schule wie Louis de Bonald und Joseph de Maistre – betrieben wurde, lehnte er ab, weil man den »sozialen Körper« dadurch nur wieder in dieselbe Lage bringen würde, aus der »die Krisis notwendig folgen *mußte*« (P: 38). Die Gesellschaft sei nur gezwungen, den Vorgang der Zerstörung, der in den vergangenen Jahrhunderten stetig stattgefunden habe, von neuem vorzunehmen. Naiv sei der Glaube, es würde keine Reformation mehr geben, keine Aufklärungsphilosophie, keinen »Fortschritt der Wissenschaften, der Künste und der Industrie« (P: 39), wo doch oft die Könige die eifrigsten Beförderer des Fortschritts gewesen seien. Der Fortschritt werde sowohl die christliche Heilslehre als auch die Herrschaft über Land und Leute erneut verdrängen.

Comte stellte sich auf die Seite des Fortschritts, der das theologisch-feudale System zersetzt hatte und es nochmals zersetzen würde, falls sich seine Restauration wider alle Vernunft bewerkstelligen ließe. Der Fortschritt sei jedoch nichts wert, wenn er keine neue Ordnung hervorbringe. So entschieden er sich von den Vertretern der Restauration abgrenzte, so kritisch war er gegenüber den Anhängern der Revolution, die nichts gewusst hätten von den »grundlegenden Bedingungen, welche ein soziales System erfüllen muß, um wirklich *Dauer* zu haben« (P: 41). Ihre »sog. *Konstitutionen*« seien bloßes »Geschwätz« (P: 52). Mit diesem harschen Urteil spielte er keineswegs auf Konstruktionsmängel in den Verfassungen der Republik an. Die moderne Verfassung war ihm grundsätzlich kein Mittel, um Ordnung zu stiften. Damit lehnte er aber das bürgerliche Ordnungsmodell ab, das die Revolutionäre hatten realisieren wollen.

Tatsächlich war die moderne Verfassung ein Produkt der bürgerlichen Revolutionen des 18. Jahrhunderts. Wegen des Bruchs mit dem Ancien Régime war die Frage, wie man Herrschaft begründen und gleichzeitig die Grundrechte der Individuen wahren könne, in Frankreich besonders brisant. Die Gesellschaft freier Individuen, die sich vom absoluten Staat getrennt hatte, machte einen Staat ja keineswegs überflüssig. Sie brauchte eine Instanz für die Gewährleistung der inneren und äußeren Sicherheit und musste dem Staat deswegen das Gewaltmonopol abtreten. Andererseits musste sie ihn aber daran hindern, die Gewalt gegen die Gesellschaft zu wenden, was sie durch Teilung der Gewalt in voneinander unabhängige, sich wechselseitig kontrollierende Bereiche erreichen wollte. Diese besondere Vermittlung von Staat und Gesellschaft sollte die moderne Verfassung leisten. Sie sollte es der durch das Prinzip der Volkssouveränität legitimierten Gesellschaft ermöglichen, herrschaftskonstituierend zu wirken, also Staatsgewalt zu begründen und zu beschränken.

Für Comte hatte die Verfassung als Mittel, das bürgerliche Ordnungsmodell zu realisieren, versagt. Zweifellos gab ihm die Geschichte Recht. Sowohl mit der Verfassung des Jahres I als auch mit der des Jahres III war die Vermittlung von Staat und Gesellschaft fehlgeschlagen. Zunächst hatte der Staat die Oberhand gewonnen und die Republik zur Despotie gemacht. Daraufhin hatte die Gesellschaft obsiegt und die Republik in die Anarchie gestürzt. Comte hatte also beide Extreme vor Augen, in die das bürgerliche Ordnungsmodell geraten konnte. Daraus folgerte er, dass es von Grund auf verfehlt sein müsse. Seine Kritik richtete sich gegen die Grundfesten des aufgeklärten Bürgertums: gegen das »Dogma von der unbegrenzten *Freiheit des Gewissens*« sowie gegen das »Dogma von der *Souveränität des Volkes*« (P: 42 f.).

Dabei wollte Comte deren Bedeutung für den Fortschritt gar nicht in Abrede stellen; ohne sie wäre die Zerstörung des theologisch-feudalen Systems nicht gelungen. Martin Luthers Insistieren auf Gewissensfreiheit habe die Flamme der Freiheit entfacht, die das aufgeklärte Bürgertum befeuern sollte, mit der alten Ordnung zu brechen. Und die Abschaffung der monarchischen Souveränität wäre sicherlich gescheitert, hätte das Bürgertum sie mit der Souveränität des Volkes nicht überboten. Comte war jedoch der Meinung, dass es sich um rein negative Prinzipien handelte, die zum Zwecke der Kritik formuliert worden waren und ihren Wert verlieren mussten, sobald man damit eine Ordnung begründen wollte, so wie »Kriegsmaschinen nicht durch eine noch so wunderbare Umwandlung sich plötzlich in Instrumente des Aufbaus umgestalten lassen« (P: 44). Die Geschichte der Republik hätte ihre verheerende Wirkung doch gezeigt.

Die Schuld hierfür wies Comte den Aufklärungsphilosophen zu, die die Verwirklichung des bürgerlichen Ordnungsmodells zum Ziel des Fortschritts erhoben hätten. Dabei dachte er insbesondere an Condorcet, der aktiv am Aufbau der Republik mitgewirkt hatte und über den Tod hinaus Einfluss auf deren Verfassung ausübte, nachdem der Konvent seinen *Entwurf* nach der »terreur« herausgegeben und an die Abgeordneten verteilt hatte. Darin hatte Condorcet sowohl das Recht, »jedwede Meinung der Prüfung durch unsere eigene Vernunft zu unterwerfen«, als auch das »dem Volk zustehende Recht auf seine Souveränität« zur Grundlage der Ordnung erklärt, die mit der Republik errichtet werden sollte.[21]

Der Grund, warum Condorcet auf diese Prinzipien verfiel, lag für Comte darin, dass jener trotz seines Engagements für den Fortschritt über keine Fortschrittstheorie verfügte, mit der die Vergangenheit im Sinne einer kontinuierlichen Aufwärtsbewegung rekonstruiert und die Zukunft extrapoliert werden konnte. Dem aufklärerischen Prinzip der Kritik verpflichtet, habe Condorcet »die Vergangenheit *getadelt*, statt sie zu *untersuchen*«, weshalb sein *Entwurf* nur eine »lange und ermüdende Deklamation« wurde, »aus welcher man keinerlei positive Bedeutung ziehen« (P: 125) könne. Da er »die Vergangenheit schlecht geordnet hatte, so konnte er aus ihr die Zukunft nicht entnehmen« (P: 130). Es sei ihm also gar nichts anderes übrig geblieben, als negative Prinzipien zu positiven zu erheben.

In der Tat hatte Condorcet vor allem das Mittelalter getadelt, das auf seiner Fortschrittsskala mit der sechsten Epoche begann:

»In dieser verhängnisvollen Epoche werden wir den menschlichen Geist von der Höhe, zu der er sich erhoben hatte, schnell wieder herabsteigen sehen und erkennen, wie die Unwissenheit hier Wildheit, dort durchtriebene Grausamkeit, überall aber Trug und Verderben nach sich zieht. Kaum, daß ein Blitz des Geistes, daß irgend Seelengröße oder Güte dies tiefe Dunkel durchdringen. In theologischen Träumereien und abergläubischem Betrug erschöpft sich der Genius der Menschen, religiöse Unduldsamkeit heißt ihre einzige Moral; und Europa, gleicherweise bedrängt von Priestertyrannei und Militärdespotismus, harrt in Blut und Tränen des Augenblicks, da neues Licht ihm dazu verhelfen wird, in Freiheit, Menschlichkeit und Tugend wiederzuerstehen.«[22]

Nun war Condorcets Tadel insofern konsequent, als im Kampf gegen Klerus und Adel das Mittelalter in möglichst düsteren Farben geschildert werden musste. Das Selbstverständnis der Aufklärer bestand ja gerade darin, das Licht der Vernunft, das in der Antike aufgeflackert sei, nach einer Phase der Finsternis wieder leuchten zu lassen. Wenn das Mittelalter jedoch im Vergleich zur Antike einen Rückschritt bedeutet, lässt sich die Idee eines kontinuierlichen Fortschritts kaum halten. Mit seiner Einstufung des Mittelalters als einer »verhängnisvollen Epoche« war Condorcet nicht weiter als Fontenelle, der 1688 in der *Querelle des anciens et des modernes* behauptet hatte, die Modernen hätten nach dem Niedergang im Mittelalter das Niveau der Antike wieder erreicht und wären ihr in Sachen Kunst und Wissenschaft sogar überlegen.[23]

Comte zweifelte nicht daran, dass man mit einer derart unzulänglichen Fortschrittstheorie notgedrungen auf den Gedanken kommen musste, sich auch in Sachen Ordnung mit der Antike zu vergleichen, um diese zu überflügeln. Das machte das Wiederbeleben der Demokratie im Verfassungsentwurf Condorcets und in den Verfassungen der Jahre I und III verständlich. Condorcet hatte die Alten zum »Vorbild aller Nationen und Zeitalter« ernannt: »In den Republiken der Neuzeit und selbst in den von Philosophen ersonnenen Staatsentwürfen wird man kaum eine Einrichtung finden, für welche die griechischen Republiken nicht das Modell vorgezeichnet oder das Beispiel gegeben hätten.«[24]

Die Identifikation der Republikaner mit der Antike war denn auch bis in den Bereich der politischen Ästhetik gegangen. Schon in den ersten Revolutionsjahren hatte man sich die Rhetorik der Alten zu propagandistischen Zwecken geliehen. Der »aufklärerisch-pädagogische Hintersinn« war jedoch bald zum »Mummenschanz« verkommen.[25] Im Direktorium war die Tracht der Abgeordneten antikisierend in den Farben der Republik gehalten: »ein weites, bis zu den Füßen reichendes weißes Gewand, darüber eine rote, mit Ornamenten bordierte Toga und ein blaues Barett«[26]. Kein Wunder, dass die Damen der Salons »fließenden, scheinbar stofflosen, hauchzarten Gewändern aus Seide oder Satin« den Vorzug gaben, »die in ihrer prätendierten griechisch-römischen Schlichtheit so raffiniert oder auch nur so offenherzig geschnitten waren, daß sie von den körperlichen Reizen ihrer Trägerinnen mehr preisgaben als verhüllten«[27].

Nicht, dass Comte etwas gegen Symbolsprachen gehabt hätte; hier schien ihm nur das Falsche stilisiert zu werden, wie er eben auch mit Napoleons cäsaristischer Neuauflage der römischen Antike nicht einverstanden war. Kurzum, er gab sich mit Condorcets Pauschalverurteilung des Mittelalters nicht zufrieden. Seines Erachtens war das theologisch-feudale System in entscheidender Hinsicht nicht nur der Antike, sondern auch der Moderne überlegen: Da das alte System »gedauert hat, so hat es sichtlich die Bedingungen der Dauerhaftigkeit erfüllt« (P: 108). In Sachen Ordnung sei es daher »der größte provisorische Fortschritt der Gesellschaft« (P: 126).

Die Frage nach den Bedingungen der Dauerhaftigkeit ließ

Comte nicht im Raum stehen. Obwohl ihre Beantwortung eine eingehende historische Analyse erforderte, die er später durchführen wollte, war er sich doch sicher, schon im *Plan* zwei Kriterien angeben zu können. Die erste Bedingung betrifft die Trennung von Staat und Gesellschaft, welche die Aufklärungsphilosophen zum Kern des bürgerlichen Ordnungsmodells erklärt hatten. Diese Trennung erschien Comte, gemessen an der Ordnung des alten Systems, kontraproduktiv:

»Die Regierung, welche bei jedem regelmäßigen Zustand der Dinge das Haupt der Gesellschaft, der Führer und Aktor der allgemeinen Betätigung ist, wird in diesen Lehren systematisch jeder Betätigungsmöglichkeit beraubt. Entfernt von jeder erheblichen Teilnahme an dem Gesamtleben des sozialen Körpers wird sie auf eine absolut negative Tätigkeit beschränkt. Man meint sogar, daß überhaupt die Wirkung der sozialen Gesamtheit auf ihre Glieder sich strikt auf die Erhaltung der öffentlichen Ruhe beschränken müsse [...]. Die Regierung wird nicht mehr als das Oberhaupt der Gesellschaft betrachtet, dessen Zweck ist, alle individuellen Betätigungen zu harmonisieren und auf ein allgemeines Ziel zu richten. Sie wird als ein natürlicher Feind der Gesellschaft angesehen, der sich in ihrer Mitte eingenistet hat und gegen dessen Eingriffe die Gesellschaft sich durch die Garantien schützen muß, die sie sich gesichert hat.« (P: 41 f.)

Wie man sieht, bediente sich Comte einer Metapher, um die Ordnung des alten Systems zu beschreiben. Er betrachtete diese Ordnung als einen Körper, dessen Haupt eine Regierung bildet, die für eine Harmonie der Glieder sorgt. Dass Comte gerade diese Metaphorik wählte, ist einerseits verständlich. Schließlich entstammte sie dem Christentum, das die mittelalterliche Ordnung maßgeblich geprägt hatte. Paulus hatte in seinen Briefen ja geschrieben, die Christengemeinde bilde einen Leib mit Gliedern: »Denn wie der Leib *einer* ist und doch viele Glieder hat, alle Glieder des Leibes aber, obschon ihrer viele sind, doch *einen* Leib darstellen, so auch Christus.« (1 Kor. 12, 12) Andererseits scheint die Metaphorik insofern nicht klug gewählt, als sie an das Titelkupfer des hobbesschen *Leviathans* erinnert, das einen aus vielen kleinen Menschen zusammengesetzten großen Menschen zeigt, der den Inbegriff eines Despoten symbolisiert. In der Tat hatte Thomas Hobbes mit diesem 1651 publizierten Buch das Manifest des absoluten Staates verfasst.[28] Comte nahm einem solchen Einwand aber die Spitze; ihm war die Despotie ein ebensolches Gräuel wie die Anarchie.

Die zweite Bedingung betrifft denn auch das Problem der Gewaltenteilung. Comte betrachtete die auf John Locke und Montesquieu zurückgehende Aufteilung der Gewalt in eine gesetzgebende, ausübende und richterliche nicht als falsch, aber als nachgeordnet.[29] Die Teilung, auf die es in erster Linie ankomme, bestehe in der Trennung einer theoretischen von einer praktischen, einer geistlichen von einer weltlichen Gewalt[30], wie sie im mittelalterlichen Europa mit dem Papsttum und Kaisertum bestanden habe: »Es ist außerdem wichtig zu bemerken, daß die Diskussionen über die Teilung der Gewalt [...] so oberflächlich wie möglich geblieben sind. Denn man hat die fundamentale Teilung zwischen der geistlichen und der weltlichen Macht ganz aus dem Auge verloren, die doch der wichtigste Fortschritt war, den das alte System in die allgemeine Politik eingeführt hat.« (P: 57) Comte polemisierte gegen das republikanische »Monstrum einer *Konstitution ohne geistliche Gewalt*, welches, falls es überhaupt sich dauerhaft erweisen könnte, einen wahren und enormen Rückschritt zur Barbarei bedeuten würde. Man hat nicht begriffen, daß die Teilung in gesetzgebende und ausübende Gewalt nur eine Unterteilung ist.« (P: 57)

Mit seiner Polemik stellte Comte klar, warum er von der Volkssouveränität nichts wissen wollte, markierte dieses Prinzip doch den Kulminationspunkt eines Prozesses, der im ausgehenden Mittelalter begonnen und den modernen Staat hervorgebracht hatte. Von Souveränität wurde im Zuge der Staatenbildung schon seit dem 13. Jahrhundert gesprochen, um eine Letztinstanzlichkeit zu benennen. Bedeutung sollte der Begriff aber erst im 16. Jahrhundert gewinnen, als die Reformation die mittelalterliche Glaubenseinheit zerstört hatte. Es war Jean Bodin, der »Souveränität« 1576 im ersten seiner *Sechs Bücher über den Staat* als »die dem Staat eignende absolute und zeitlich unbegrenzte Gewalt«[31] definierte. Bodin hob die auf Gelasius' Zweigewaltenlehre fußende, ab dem 11. Jahrhundert bewusst vollzogene Trennung von »regnum« und »sacerdotium« bzw. »temporalia« und »spiritualia« auf, indem er, weil »absolut souverän« nur sein kann, »wer außer Gott keinen Höheren über sich anerkennt«[32], die geistliche Gewalt einer weltlichen Herrschergewalt unterstellte.

Tatsächlich hatte die gegenseitige Anerkennung höchster und unabhängiger Gewalt in ein und derselben Ordnung, mit der Kaiser Heinrich V. und Papst Calixt II. 1122 im Wormser Konkordat den Investiturstreit beilegten[33], zwar eine Zuständigkeit für einen je eigenen Sachbereich, aber keine Souveränität begründet. Denn das Nebeneinander zweier Sachordnungen in einem Raum und für dieselben Menschen ließ die Frage offen, wer darüber entscheidet, was zu den geistlichen und was zu den weltlichen Dingen gehört. Die Lösung des Problems war das Souveränitätsprinzip, mit dem die Kompetenz einer Instanz begründet wurde, selbstständig zu bestimmen, was zu welchem Sachbereich gehört. So ist es der Souverän, »der rechtlich zuständig ist, solche Antworten zu geben, und zwar deshalb, weil die Souveränität nicht an einem Sachbereich, sondern an dem (Staats-)Gebiet orientiert ist, in dem ihr Inhaber als ›höchste Instanz‹ existiert«[34]. Die Staaten mussten also Territorialstaaten sein, und es lohnt den Hinweis darauf, dass sich Hobbes 1651 der Theorie Bodins bediente. Der große Mensch auf dem Titelkupfer des *Leviathans* hält das Schwert in der einen, den Bischofsstab in der anderen Hand.

Faktisch war diese konzentrierte Herrschergewalt schwer zu erlangen. Im Prozess der Souveränitätsbildung kam es zum Kompetenzgerangel zwischen Päpsten, Ständen und Monarchen, das die Monarchen im absoluten Staat für sich entscheiden konnten, ohne sich jedoch alle Herrschaftsrechte aneignen zu können. Erst die Französische Revolution brachte den Prozess der Souveränitätsbildung zum Abschluss. Die sich vom absoluten Staat trennende bürgerliche Gesellschaft ersetzte zum einen die monarchische durch die Volkssouveränität, die Locke 1690 in seinen *Zwei Abhandlungen über die Regierung* theoretisch begründet hatte und die in Amerika bereits in die Praxis umgesetzt worden war.[35] Zum anderen übertrug sie mit der Abschaffung der Feudalrechte zugleich die letzten innergesellschaftlichen Herrschaftsrechte auf den Staat, der die Gewalt nunmehr zum Schutz der freien Individuen ausüben und der – wie in Amerika – durch Gewaltenteilung an Missbrauch gehindert werden sollte.

Mag Comtes Kritik der Volkssouveränität heute auch abwegig klingen, damals herrschte nicht einmal unter den Republikanern Einigkeit hinsichtlich dieses Prinzips. Kein Geringerer als Emmanuel Joseph Sieyès, der die Politik seit 1789 maßgeblich mitgestaltet hatte, sah sich angesichts der »terreur« aufgerufen, vor der Volkssouveränität zu warnen: »Dieses Wort erscheint in unserer Vorstellung nur deswegen so gewaltig, weil es sich der Geist der Franzosen, der immer noch voll des königlichen Aberglaubens ist, zur Aufgabe gemacht hat, dieses Wort mit der ganzen Erbschaft pompöser Attribute und absoluter Gewalten auszustatten, welche die angemaßten Souveränitäten glänzen ließen; […] man scheint sich in einer Art patriotischen Stolzes zu sagen: Wenn die Souveränität der großen Könige so gewaltig und furchtbar ist, dann muss die Souveränität eines großen Volkes fraglos noch weit darüber hinausgehen.«[36]

Comte teilte diese Kritik. Für ihn wurde durch dieses Prinzip lediglich »die Willkür der Könige durch die Willkür der Völker« ersetzt, wobei die Volksherrschaft ebenso fehlschlagen müsse, weil »die Macht im Staat seinen wenigst kultivierten Klassen übergeben« (P: 44) werde. Comte dachte hier offenbar an jene Verfallstendenz der Demokratie zur Ochlokratie, zur Pöbelherrschaft, vor der schon die Alten gewarnt hatten. Und noch in einem weiteren Punkt war sein Argument nicht ungewöhnlich für seine Zeit. Auch Sieyès hatte sich für einen alternativen Modus der Gewaltenteilung interessiert. Im Vergleich zu Comte waren das aber nur geringfügige Korrekturen.

Allen Invektiven der Aufklärungsphilosophen zum Trotz beharrte Comte also auf dem seines Erachtens wichtigsten Beitrag, den das Mittelalter zum Fortschritt geleistet habe:

»Durch den definitiven Sieg des Christentums wurde die Trennung zwischen Theorie und Praxis regelmäßig und vollständig für die allgemeinen Handlungen der Gesellschaft durchgeführt […]. Sie wurde belebt und gefestigt durch die Schaffung einer geistlichen Gewalt, welche verschieden und unabhängig von der weltlichen war. […] Dieser große und schöne Gedanke war die wesentliche Ursache der bewundernswürdigen Kraft und Ausdauer, welche das feudal-theologische System in seiner Glanzzeit auszeichneten. Der unvermeidliche Fall des Systems hat gegenwärtig jene wichtige Teilung der Funktionen aus dem Gesichtsfelde verschwinden lassen. Die oberflächliche kritische Philosophie des letzten Jahrhunderts verkannte ihren Wert. Aber es ist einleuchtend, daß sie sorgfältig erhalten werden muß und mit ihr all die anderen Erwerbungen, welche der menschliche Geist unter dem Einfluß des alten Systems gemacht hat und welche nicht mit diesem zugrunde gehen sollten. Diese Teilung muß in erster Linie auch in dem System betätigt werden, das heute errichtet werden soll. Es müssen geistliche und weltliche Gewalten anderer Natur geschaffen werden, denn die Gesellschaft sollte doch ohne Zweifel im 19. Jahrhundert nicht weniger vollkommen organisiert sein, wie sie es im 11. Jahrhundert war.« (P: 60)

Damit machte Comte seine Position unmissverständlich deutlich. Gegen die Vertreter der Revolution behauptete er die Tragfähigkeit einer bestimmten Struktur der alten Ordnung für die zu errichtende neue. Ebenso wie die alte Ordnung sollte die neue auf zwei voneinander unabhängigen Gewalten fußen, die unterschiedliche Funktionen zu erfüllen hatten. Comte fasste die Trennung der beiden Gewalten also funktional im Sinne von »Arbeitsteilung« auf. (P: 59) Jede Gewalt hatte eine spezifische Leistung für den Bestand des Systems zu erbringen: eine theoretische die eine, eine praktische die andere.

Nun blieb Comte nicht auf halbem Wege stehen. Er forderte, was aus seiner Kritik des Souveränitätsprinzips notwendig folgte: dass die neue Ordnung keine territorialstaatliche, sondern ebenso wie die alte eine »europäische« sein müsse. (P: 69) Für ihn stand fest, dass »die Völker des westlichen Europa vermöge der Gleichförmigkeit und des gegenseitigen Zusammenhanges ihrer Kultur sowohl nach ihrer früheren Entwicklung wie nach ihrem gegenwärtigen Zustande eine einzige große Nation bilden« (P: 72). Später wollte er eine »Okzidentale Republik« begründen, wobei er bereits im *Plan* sicher war, dass die neue Ordnung »vollkommener« ausfallen werde, als es die »des alten Systems war, wo sie nur in geistlicher Beziehung bestand« (P: 70).

Zweifelsohne war die christliche Lehre spätestens mit der zweiten Christianisierungswelle ab dem 10. Jahrhundert »das geistliche Band« des mittelalterlichen Europa gewesen. (P: 69) Mediävisten sprechen deswegen von einem »Christenheit-Europa«[37], in dem die Respublica Christiana Gestalt annahm. Von einem europaweiten weltlichen Band konnte dagegen keine Rede sein. Die Herrschaft der Kaiser reichte selten weiter als ihre königliche Gewalt:

»Der Bereich der dem Anspruch nach universalen, tatsächlich abendländischen Christenheit wird organisatorisch als Einheit von der römischen Kirche umspannt. Staatlich, politisch, hat er nie vollständig und zum überwiegenden Teil auch nur kurzfristig (etwa zur Zeit Karls des Großen) unter einheitlicher Leitung gestanden. Die Einheit der Kirche und die dauernde Vielfalt der Staaten sind für das mittelalterliche Abendland kennzeichnend, und dieses Verhältnis bestimmt in hohem Maße seine innere Dynamik. Doch hebt sich die christliche Staatenwelt, ungeachtet ihrer Vielgestaltigkeit, auch als ein ›völkerrechtliches‹ Ganzes von der Umwelt ab. Der Heiden- und Ketzerkrieg, der ›Kreuzzug‹ steht auf einer anderen rechtlichen Grundlage als die kriegerischen Auseinandersetzungen zwischen den ›Reichen‹ oder auch innerhalb dieser Reiche.«[38]

Diese dem Kreuzzug geschuldete völkerrechtliche Formierung Europas mag Comte dazu bewogen haben, den »Zweck« des alten Systems als »militärisch« zu bezeichnen, im Unterschied zu dem des neuen, der »industriell« sein sollte. (P: 56) Dass die alte Ordnung zur Vergewisserung ihrer Einheit eines äußeren Feindes bedurfte, hat seine Bewunderung jedenfalls nicht geschmälert. Auch wenn sie nicht völlig ausgebildet war, sah er doch eine Logik am Werke, die er für notwendig hielt. Das Geistliche hatte seines Erachtens dem Weltlichen nicht nur vorauszugehen, es musste ihm auch seinen Stempel aufdrücken, wie Strukturen ständig von der Kultur geprägt würden: »Der Kulturzustand bestimmt notwendig den Zustand der sozialen Organisation [...].« (P: 88)

So gesehen konnte sowohl die europäische Ausrichtung wie auch die funktionale Gewaltenteilung des alten Systems als durch die christliche Lehre vorbereitet verstanden werden. Das Christentum war wegen seines Missionsauftrags von jeher expansionistisch orientiert gewesen; es hatte sich niemals als Religion eines bestimmten Volkes verstanden, »sondern stets eine die Geschlossenheit sozialer Räume aufbrechende, tendenziell universalisierende Wirkung entfaltet«[39]. Dabei war die christliche Metaphorik des einen Leibes mit seinen vielen Gliedern auf die Vorstellung einer »Einheit [...] in der Vielfalt«[40] ausgelegt, seien es nun einzelne Menschen, wie zu Zeiten des Urchristentums, oder ganze Völker, wie im mittelalterlichen Europa. Obendrein legte diese Metaphorik den Gedanken funktionaler Teilung nahe; so heißt es in den Paulus-Briefen: »Wie wir nämlich an dem einen Leib viele Glieder haben, die Glieder aber nicht alle den gleichen Dienst verrichten, so sind wir als viele ein einziger Leib in Christus, im einzelnen aber untereinander Glieder.« (Röm. 12, 4 f.) Tatsächlich hatte Gelasius die seiner Zweigewaltenlehre zugrunde liegende Trennung von »auctoritas« und »potestas« unter Berufung auf Paulus funktionalistisch konzipiert, auch und gerade weil in einem so großen Reich wie dem Römischen erst die »Teilung der Funktionen« eine »volle und fruchtbare Entfaltung aller Glieder« ermöglichte.[41]

Wie nun der häufige Gebrauch der Leib-Metapher im *Plan* anzeigt, scheint Comte nicht nur in struktureller, sondern auch in kultureller Hinsicht von der Nutzbarkeit bestimmter Aspekte der alten Ordnung überzeugt gewesen zu sein. Er forderte neben zwei neuen Gewalten auch eine »neue organische Doktrin« (P: 70). Offenbar wollte er mithilfe einer solchen Lehre die neue Ordnung nach Vorbild der alten im Sinne einer Harmonie der Glieder eines Körpers begründen. Dazu musste sich diese neue Doktrin freilich ebenso mit dem Fortschritt im Einklang befinden wie die beiden neuen Gewalten.

Für Comte verlief der Geschichtsprozess also tatsächlich so dialektisch, wie es seine Gegenüberstellung zweier sozialer Systeme bereits erahnen ließ. Was ihm vorschwebte, war eine dialektische, nach These, Antithese und Synthese gestufte Entwicklung. Auf einen Zustand der Ordnung soll ein Zustand des Fortschritts folgen, der wegen seiner zersetzenden Züge in einen dritten Zustand überführt werden müsse, um Ordnung und Fortschritt zu vermitteln. Ein Positives werde negiert, durch die Negation aber nicht vernichtet, sondern in einem neuen Positiven aufgehoben, »welches vollkommener und nicht weniger dauerhaft ist als das alte« (P: 37). Hier liegt der Grund, warum Comte seine Philosophie Positivismus nannte, und hier ist auch die Grundlage seines Dreistadiengesetzes zu sehen, das das Gerüst seiner eigenen Fortschrittstheorie bilden sollte.

Comte zufolge musste jeder »Entwicklungsgang« drei Zustände durchschreiten, die Entwicklung jedes einzelnen Menschen so gut wie die Entwicklung der gesamten Menschheit. Den ersten Zustand nannte er den theologischen, den zweiten den metaphysischen und den dritten bezeichnete er als den positiven. Im ersten und zweiten werden Denken, Fühlen und Handeln der Menschen durch »übernatürliche Ideen« im Sinne reiner Fantasieprodukte geleitet, wobei der zweite Zustand keine eigene Qualität besitzt, sondern nur eine Abwandlung des ersten darstellt, ein bloßes Durchgangsstadium auf dem Weg zum dritten Zustand, in dem es nichts Übernatürliches mehr geben, in dem vielmehr alles auf die »Beobachtung« von »Tatsachen« zurückgeführt werden soll. (P: 74 f.)

Über dieses Entwicklungskonzept ist viel spekuliert worden, ohne dass etwas Brauchbares herausgekommen wäre. Versteht man, wie üblich, unter »Positivismus« lediglich Empirismus, dann wird man in diesem Konzept freilich nur einen naiven Versuch erkennen, dem naturwissenschaftlichen Idealbild nachzueifern, um ein Gesetz für die Geschichte aufstellen zu können. Mit einem derart verkürzten Positivismusbegriff kann aber weder der

Dreischritt erklärt werden noch wird man den wahren Grund erfahren, warum Comte für sein Konzept einen Anspruch auf Gesetzmäßigkeit erhob. Dazu muss schon der gesellschaftspolitische Kontext berücksichtigt werden.

Dann ergeben sich die drei Stadien wie von selbst aus der Problemstellung, mit der Comte auf das Spannungsverhältnis von Revolution und Restauration reagierte. Für ihn blieb die Restauration dem theologischen Stadium verhaftet, was ihr Insistieren auf einem übernatürlichen, göttlichen Recht für den König (Gottesgnadentum) zeige. Die Revolution habe diese Idee beseitigt, sei aber mit der naturrechtlichen und insofern ebenfalls übernatürlichen Begründung der Menschen- und Bürgerrechte im metaphysischen Stadium stecken geblieben. (P: 76 f.) Im positiven Stadium würde es seines Erachtens keine derartigen übernatürlichen Vorstellungen mehr geben, weshalb auch die neue Ordnung auf wissenschaftlichen, rein durch Beobachtung erkannten Grundlagen beruhen würde.

Diese Kontextuierung macht auch verständlich, warum Comte im Geschichtsprozess partout ein Gesetz erkennen wollte. Seiner Beobachtung der Vergangenheit zufolge brachte sich in der Geschichte ein »Naturgesetz der Entwicklung« zur Geltung (P: 110), das abzustreiten ebenso absurd wäre wie eine Leugnung des Gravitationsgesetzes. Aber auf jenes Gesetz pochte er nicht, weil er die naturwissenschaftliche Methode auf die Geschichte ausdehnen, sondern weil er mithilfe der wissenschaftlich erkannten notwendigen Geltung dieses Gesetzes die Willkür in der Gesetzgebung der letzten dreißig Jahre überwinden wollte. Wenn sich nämlich in der Geschichte ein Gesetz vollzog, dann hatten sich die Gesetzgeber danach zu richten. Wer von diesem Gesetz nichts wusste, war zwangsläufig zur Willkür verurteilt, wie die Könige und Völker, die ihre Willkürherrschaft mit ihren Souveränitätsvorstellungen bloß überspielten:

»Solange das Menschengeschlecht angesehen wird, als wäre es von jedem ihm eigenen Trieb frei und müßte seine Richtung von dem Gesetzgeber erhalten, bleibt notwendig im höchsten Grade und für die wichtigsten Verhältnisse Willkür bestehen [...]. Das Menschengeschlecht bleibt alsdann der Diskretion des Gesetzgebers überlassen, welcher ihm die beste Regierungsform bestimmt. Die Willkür kann allerdings unter dieser Voraussetzung in den Einzelheiten eingeschränkt, sie kann aber aus dem Ganzen offenbar nicht herausgetrieben werden. Ob dieser höchste Gesetzgeber eine Einzelperson oder eine Gesamtheit ist, ob er erblich oder gewählt ist, ändert nichts in dieser Beziehung. Selbst wenn die ganze Gesellschaft sich zum Gesetzgeber machte, falls dieses möglich wäre, wäre die Sachlage immer noch dieselbe. Nur wird die Willkür alsdann von der ganzen Gesellschaft auf sich selbst ausgeübt, und die Mißverhältnisse würden dadurch schlimmer als jemals werden.« (P: 109 f.)

Betrachtet man dagegen das Menschengeschlecht »als einem Naturgesetz der Entwicklung unterworfen, welches durch die Beobachtung bestimmt werden kann und welches in jedem Augenblick auf die unzweideutigste Weise angibt, welche politische Betätigung ausgeübt werden soll«, dann lässt sich die Willkür überwinden: »Erst dann werden in der Politik wirkliche *Gesetze* zur Geltung kommen, in dem reellen und philosophischen Sinne, welche der berühmte Montesquieu mit diesem Ausdruck verbunden hat. Welches auch die Form der Regierung im einzelnen sein mag, die Willkür kann nicht wieder erscheinen, wenigstens in den Grundlagen nicht. Alles ist in der Politik nach einem wahrhaft souveränen Gesetz festgelegt [...] dieses Gesetz schließt mit derselben Sicherheit die theologische Willkür oder das göttliche Recht der Könige aus, wie die metaphysische Willkür oder die Souveränität des Volkes.« (P: 110)

Es ist schon seltsam, dass einem Souveränitätstheoretiker wie Carl Schmitt zu dieser Thematik nicht mehr einfiel als die Bemerkung, Comte habe für sein Dreistadiengesetz nur deswegen einen Gesetzesstatus gefordert, weil er es im wissenschaftsgläubigen 19. Jahrhundert sonst selbst nicht geglaubt hätte.[42]

Wie auch immer, Comte nahm präventiv jenen Kritikern den Wind aus den Segeln, die »in der unbedingten Herrschaft eines derartigen Gesetzes nichts sehen wollen als eine Verschiebung der alten Willkür auf einen neuen Herrscher«, indem er sie anhielt, »ebenso den unbeugsamen Despotismus zu beklagen, welcher durch das Gravitationsgesetz auf die ganze Natur ausgeübt wird« (P: 110). In seinen Augen war das eine so abwegig wie das andere und deshalb konnte es für ihn auch keine unbegrenzte Freiheit des Gewissens geben: »*Innerhalb der Astronomie, der Physik, der Chemie, der Physiologie gibt es keine Freiheit des Gewissens.* Denn jeder würde es absurd finden, nicht an die Prinzipien zu glauben, welche in diesen Wissenschaften durch kompetente Männer aufgestellt worden sind.« (P: 43) Wenn es in der Politik anders sei, dann nur, weil das Entwicklungsgesetz des Menschengeschlechts eben noch nicht erkannt worden sei. Während sich die genannten Wissenschaften der theologischen und metaphysischen Fantastereien entledigt und Gesetze wie das der Gravitation durch Beobachtung erkannt hätten, müsse die wissenschaftliche Beschäftigung mit der Entwicklung des Menschengeschlechts erst noch positiv werden.

Nun, Comte war aufgrund eigener Beobachtung sicher, dieses Entwicklungsgesetz mit seinem Dreistadiengesetz benannt zu haben. Was jetzt noch fehlte, war eine neue Wissenschaft, eine so genannte »soziale Physik«, die sich dem »Studium der kollektiven Entwicklung des Menschengeschlechtes« widmen und das dreistufige Gerüst seiner Fortschrittstheorie mit Daten aus der Geschichte bestücken sollte. (P: 139)

In einem ergänzenden Artikel, den Comte 1825 unter dem Titel *Philosophische Betrachtungen über die Wissenschaften und die Gelehrten* publizierte, bekräftigte er seine Forderung nach einer sozialen Physik und stellte klar, dass man Physik hierbei nicht im Wortsinne verstehen dürfe. Um sie von der Metaphysik abzugrenzen, bezeichnete er alle Beobachtungswissenschaften als Physik: »Wir besitzen [...] gegenwärtig eine Physik des Himmels, eine Physik der Erde (die letztere in der Mechanik und in der Chemie), eine Physik der Pflanzen- und eine Physik der Thierwelt; und damit das System unserer natürlichen Erkenntnis vollständig werde, bedarf es noch einer letzten, nämlich der gesellschaftlichen Physik.« (W: 247) Darunter sei eine Wissenschaft zu verstehen,

»welche das Studium der gesellschaftlichen Phänomene zum eigenthümlichen Gegenstande hat, diese Phänomene betrachtet in demselben Geiste, wie die astronomischen, physischen, chemischen und physiologischen, d.h. als unterworfen solchen unabänderlichen Naturgesetzen, deren Entdeckung das specielle Ziel ihrer Untersuchungen ist. Sie setzt sich demnach vor, mit der möglich-größten Genauigkeit das große Phänomen der Entwickelung des menschlichen Geistes, aufgefaßt in allen seinen wesentlichen Theilen, zu *erklären*, d.h. zu entdecken, durch welche nothwendige Verkettung allmählicher Umgestaltungen das menschliche Geschlecht aus einem Zustande, der sich von dem Gesellschaftszustande großer Affen kaum unterschied, nach und nach auf den Punkt gekommen ist, worauf es sich gegenwärtig im civilisirten Europa befindet.« (W: 248 f.)

Comte wollte diese neue Wissenschaft freilich nicht nur, um jenes System einer natürlichen Erkenntnis zu vervollständigen. Der »Geist« dieser Disziplin sollte vor allem darin bestehen, dass »man in dem gründlichen Studium der Vergangenheit die wahre Erklärung der Gegenwart und die allgemeine Offenbarung der Zukunft erblickt«, damit der dabei erzielte Erkenntnisgewinn »der positive Ausgangspunkt für die Arbeiten des Staatsmanns« werden könne. (W: 249)

Diese Aufgabe erforderte natürlich eine Konzentration der Beobachtung auf die europäische Vergangenheit, um die strukturelle und kulturelle Entwicklung der Gesellschaft in der Weise nachzeichnen zu können, dass sie von einem theologischen Stadium über ein metaphysisches hin zu einem positiven Stadium verlief. Tatsächlich war es für Comte ein und dieselbe Gesellschaft, die sich in Europa entwickelte, weswegen er auch von der »Desorganisation« des alten und der »Reorganisation« des neuen Systems sprach, um »die Harmonie wiederherzustellen« (P: 35 u. 70). Die Rekonstruktion dieser Entwicklung war insofern unerlässlich, als sie seinem Votum für eine neue organische Doktrin und eine neuerliche Trennung weltlicher und geistlicher Gewalt den Willkürcharakter nehmen und sie als historische Notwendigkeit ausweisen sollte.

Wie erinnerlich, hat sich Comte zufolge in der Geschichte Europas ein Wandel vollzogen, der die Auflösung der alten, theologisch-feudalen Ordnung gebracht hatte, ohne dass es zur Begründung einer neuen gekommen wäre. Die Theologie war durch die Aufklärung diskreditiert worden, den Feudalismus hatte die Industrialisierung unterminiert. Dadurch war aus der mittelalterlichen Gesellschaft, jener auf der Trennung von geistlicher und weltlicher Gewalt fußenden Respublica Christiana, die bürgerliche Gesellschaft geworden, die sich in Frankreich, dem fortgeschrittensten Staat in Europa, eine moderne Verfassung hatte geben wollen, daran aber gescheitert war. Für Comte waren Aufklärung und Industrialisierung nicht mehr rückgängig zu machen. Im Unterschied zu den Verfechtern der Restauration wollte er die bürgerliche Gesellschaft nicht annullieren, sondern optimieren: ihr also eine bessere Verfassung geben. Um den drohenden Gefahren der Despotie und Anarchie zu begegnen, versuchte er die strukturellen und kulturellen Elemente der Respublica Christiana auszuweisen, die in seinen Augen die Stabilität dieser alten Ordnung gewährleistet hatten, ohne sie in ein Zwangsgehäuse zu verwandeln. Er beabsichtigte, diese Elemente auf das Niveau der Aufklärung zu heben, um eine neue Ordnung in einer »Okzidentalen Republik« begründen zu können.

In einem weiteren, ergänzenden Aufsatz, den Comte 1825/1826 publizierte und den er *Betrachtungen über die geistliche Gewalt* nannte, machte er an einem wesentlichen Strukturmerkmal der bürgerlichen Gesellschaft, nämlich an dem der Arbeitsteilung, klar, dass er hinter die Moderne nicht zurückzufallen gedachte und dass er den provisorischen Fortschritt, der im Mittelalter in Sachen Ordnung erzielt worden war, in dialektischer Manier aufheben wollte. Auch Comte zufolge würde die Arbeitsteilung ein wesentliches Strukturmerkmal der neuen Ordnung sein. Er erkannte in ihr aber auch eine Gefahr für den Bestand dieser Ordnung, die nur durch eine organische Doktrin und eine Trennung weltlicher und geistlicher Gewalt zu bannen sei. Während die Arbeitsteilung einerseits im Einklang mit dem Fortschritt die Ordnung des neuen Systems herbeiführe, bewirke sie andererseits zugleich, so paradox dies klinge, deren Auflösung. Hören wir Comte zunächst zur positiven, integrierenden Wirkung der Arbeitsteilung:

»In der positiven Ordnung ist die gesellschaftliche Organisation, sie mag in ihrer Ganzheit oder in ihren Einzelnheiten aufgefaßt werden, nichts weiter, als eine auf Regeln zurückgebrachte Theilung der Arbeit; wenn man nämlich dies Wort nicht in dem sehr engen Sinne nimmt, den die Oekonomisten ihm gegeben haben, wohl aber in seiner ausgedehntesten Bedeutung, d.h. angewendet auf alle die verschiedenen Classen, theils theoretischer, theils praktischer Arbeiten, die aufgefaßt werden können, als hinstrebend zu einem und demselben Endziel, und wenn man darunter eben so sehr die Volks-Specialitäten begreift, wie die der Einzelnen. In der That, die täglich zunehmende Sonderung und Specialisation der besonderen Thätigkeiten, sowohl die von Individuum zu Individuum, als die von Volk zu Volk, constituiren das allgemeine Mittel zur Vervollkommnung der menschlichen Gattung, und vermöge einer nothwendigen und anhaltenden Rückwirkung sind sie zugleich das bleibende Ergebniß derselben. [...] Denn die gesellschaftliche Ordnung würde offenbar, sowohl in Beziehung auf die Wohlfahrt jedes Einzelnen, als in Beziehung auf den Einklang des Ganzen, vollkommen seyn, wenn jedes Individuum, oder jedes Volk sich, in allen Fällen, ausschließlich der bestimmten Art von Thätigkeit hingeben könnten, welche, es sei vermöge ihrer natürlichen Anlagen, oder vermöge der besonderen Umstände, worin sie sich befinden, am besten für sie paßt; von einer anderen Seite betrachtet, würde dies nur eine *vollkommne* Theilung der Arbeit seyn.« (G: 342-344)

Dieses schöne Bild wird laut Comte indes durch die negative, desintegrierende Wirkung der Arbeitsteilung getrübt, die für ihre Korrektur insbesondere eine neue geistliche Gewalt erforderlich macht:

»Doch, wenn die Theilung der Arbeit in dieser ersten Beziehung die allgemeine Ursache der menschlichen Vervollkommnung, und der Entwicklung des gesellschaftlichen Zustandes ist, so schließt sie in einer anderen, nicht minder natürlichen Beziehung, ein anhaltendes Streben nach Verschlechterung und Auflösung in sich, welches zuletzt alle Fortschritte hemmen würde, wenn es nicht durch eine immer zunehmende Einwirkung der Regierung, und vorzüglich der geistlichen Regierung bekämpft würde. Aus dieser standhaft vorschreitenden Specialisation geht nämlich nothwendig hervor, daß jedes Individuum und jedes Volk, sich allmälig unter einem immer beschränkteren Gesichtspunkt stellt, und von einem je mehr und mehr gesonderten Interesse belebt wird. [...] Dem zufolge wird Jeder, Mensch oder Volk, je mehr und mehr unfähig, durch den eigenen Verstand die Beziehung seiner speciellen Thätigkeit zu dem Ganzen der gesellschaftlichen Thätigkeit, die sich zugleich immer mehr verwickelt, zu fassen; und auf der andern Seite fühlt Jeder sich, je mehr und mehr, geneigt, seine besondere Angelegenheit von der gemeinschaftlichen zu trennen, welche gerade deswegen von Tag zu Tage weniger empfunden wird.« (G: 345 f.)

Für Comte hatte der »Verfall der theologischen Philosophie und der ihr entsprechenden geistlichen Gewalt [...] die Gesellschaft ohne alle sittliche Zucht gelassen« (G: 317). Er beklagte die »beinahe gänzliche Abwesenheit öffentlicher Moral« und den »Aufflug des Ehrgeizes eines Jeden«, was nicht weiter verwunderlich sei: »[...] indem nur der Begriff des besonderen Vortheils inmitten dieses sittlichen Chaos klar bleibt, wird der reine Egoismus ganz natürlich zu der einzigen wirksamen Triebfeder, welche das Handeln leitet.« (G: 319 f.) In einer Bevölkerung aber, dies zeige das nachrevolutionäre Frankreich, in der die »Mitwirkung der Individuen zur öffentlichen Ordnung nicht mehr bestimmt werden kann durch die freiwillige und sittliche Zustimmung, welche Jeder einer gemeinschaftlichen Doctrin gewährt, bleibt, zur Aufrechterhaltung irgend einer Harmonie, nichts weiter übrig, als die traurige Alternative der Gewalt oder der Bestechung« (G: 324 f.). Vonnöten sei deshalb die Einführung einer neuen Doktrin und einer neuen geistlichen Gewalt, »deren specielle Bestimmung es mit sich bringt, Geister, welche von selbst zur Divergenz hinneigen, zu dem allgemeinen Gesichtspunkt zurückzuführen, Thätigkeiten, die sich unaufhörlich von dem allgemeinen Vortheil entfernen, auf die Linie desselben zu stellen« (G: 346).

Dies gelte nicht nur für das gemeine Volk, sondern auch für die weltliche Gewalt, als deren Korrektiv die geistliche im Sinne von Gewaltenteilung verstanden werden müsse. Nur eine geistliche Gewalt sei dazu fähig kraft ihrer »sittlichen Autorität«, die »hervorgeht aus einer überlegenen Einsicht und Aufklärung« (G: 334). Nur die geistliche Gewalt könne die erforderliche Doktrin begründen und handhaben, weil sie so »hoch gestellt ist, daß sie das Ganze der Beziehungen überschauen kann«, und weil sie so frei ist »von allem Eigennutze«, dass sie keiner »Parteilichkeit« verdächtigt werden kann. (G: 366)

Comte sah es als erwiesen an, dass »die theologische Philosophie, und die auf derselben gegründete sittliche Gewalt, ihrer Natur nach, nur eine provisorische Herrschaft ausüben konnten und durften, selbst in dem vollkommensten Zustande, der für sie erreichbar war, d.h. im Katholizismus. Wir haben festgestellt, daß beide, nachdem sie das menschliche Geschlecht in seiner vorläufigen Erziehung geleitet haben, in dem Mannsalter desselben nothwendig durch eine positive Philosophie und durch eine derselben entsprechende geistliche Gewalt, ersetzt werden mußten.« (G: 304 f.)

Die neue geistliche Gewalt konnte, das hatte Comte bereits im *Plan* betont, nur von »Gelehrten, welche sich in den beobachtenden Wissenschaften betätigen« (P: 66), übernommen werden. Diese Gelehrten waren dafür prädestiniert, denn sie hatten sich von den theologischen und metaphysischen Fantastereien emanzipiert und sie stellten überdies »eine europäische Kraft« dar: »Es ist wohl bekannt, daß nur die Gelehrten einen wirklichen zusammenhängenden und aktiven internationalen Verband bilden, dessen Mitglieder sich alle gegenseitig verstehen und miteinander leicht und stetig von einem Ende Europas bis zum anderen verkehren.« (P: 70 f.) Also forderte Comte »im Namen der durch eine lange und schreckliche Agonie bedrohten Gesellschaft« (P: 79) alle Forscher Europas zur Kritik seines Planes auf. Mit einigem Erfolg; wie das Beispiel Alexander von Humboldts (später auch John Stuart Mills) zeigt, kamen seiner Aufforderung nicht nur herausragende französische Gelehrte nach.

So sehr sich Comte geschmeichelt fühlte, war er doch der Überzeugung, dass die Hauptlast der von ihm angestrebten Reorganisation der Gesellschaft auf seinen Schultern ruhen würde. Tatsächlich fühlte er sich sogar berufen, diese Aufgabe zu erfüllen, die für ihn zu keiner Zeit nur eine akademische Übung war. Comte wollte aktiv in die Politik eingreifen, was seines Erachtens nur auf wissenschaftlicher Basis gelingen konnte. Denn jede politische Maßnahme musste sich mit der durch Beobachtung erkannten Entwicklung des Menschengeschlechts im Einklang befinden. Nur so konnte eine ebenso aufgeklärte wie dauerhafte Ordnung errichtet werden:

»Die Entwicklung irgendeines Planes für die soziale Organisation bedingt notwendig zwei Arten von Arbeiten, die in bezug auf ihren Gegenstand durchaus verschieden sind und deshalb auch ganz verschiedene Fähigkeiten erfordern. Die einen, die theoretischen oder geistlichen, haben zum Gegenstand, die Grundidee des Planes zu entwickeln, d.h. das neue Prinzip aufzustellen, nach welchem die sozialen Beziehungen geordnet werden sollen. Im übrigen ist die Bildung des allgemeinen Gedankensystems zu bewerkstelligen, welches zur Führung der Gesellschaft bestimmt ist. Die andere, praktische oder weltliche Aufgabe bestimmt die Austeilung der Gewalten und die Gesamtheit der verwaltenden Institutionen, die dem Geist des Systems möglichst entsprechen, wie es durch die theoretischen Arbeiten festgestellt worden ist. Da die zweite Reihe der Arbeiten auf der ersten beruht, deren Konsequenz und Verwirklichung sie sind, so muß unbedingt die allgemeine Untersuchung vorausgehen. Sie ist die eigentliche Seele der Arbeit, ihr wichtigster und schwierigster Teil, obwohl im Grunde nur eine Vorarbeit.« (P: 54 f.)

Comte wollte sich beiden Arbeiten widmen. Er wollte ein Prinzip aufstellen, auf dem die neue Ordnung fußen sollte, und er wollte ein Gedankensystem im Sinne einer neuen organischen Doktrin formulieren, das er der Gesellschaft vermitteln konnte, um »das alte System aufzugeben und doch eine regelmäßige und stabile Ordnung zu schaffen« (P: 50). Anders war das Spannungsverhältnis von Revolution und Restauration nach seiner Überzeugung nicht aufhebbar:

»Die Bestimmung der zur Reife gelangten Gesellschaft besteht durchaus nicht darin, ewig in der alten und hinfälligen Hütte sitzen zu bleiben, welche sie in ihrer Kindheit erbaut hat, wie die Könige denken, noch auch ewig ohne Behausung zu leben, nachdem man jene Hütte verlassen hat, wie die Völker denken. Sondern sie besteht darin, daß die Gesellschaft sich auf Grund der erworbenen Erfahrungen mit all den angesammelten Materialien das Gebäude errichtet, welches am besten ihren Bedürfnissen und ihren Freuden angepaßt ist. Dies ist die große und edle Aufgabe, deren Lösung der gegenwärtigen Generation vorbehalten blieb.« (P: 50)

In den nachfolgenden drei Jahrzehnten hat Comte ausschließlich die Lösung dieser Aufgabe verfolgt, und das, obwohl die Voraussetzungen dafür alles andere als günstig waren. Die akademische Karriere, die er sich erhofft hatte und weiter anstrebte, endete auf peripheren Stellen[43], sodass er von Zeit zu Zeit auf die Unterstützung Dritter angewiesen war. Umso beeindruckender erscheint seine Lebensleistung.

3. Theorie und Praxis

Die organische Doktrin

Die erste Hürde, die Comte nehmen musste, bestand in der Erarbeitung einer kohärenten Fortschrittstheorie, aus der sich die strukturellen und kulturellen Determinanten der neuen Ordnung mit zwingender Notwendigkeit ableiten ließen. In dieser Theorie war nicht nur das Mittelalter in eine ununterbrochene und aufsteigende Linie des Fortschritts einzuordnen. Diese Theorie musste auch dem organizistischen Gesellschaftsbegriff Rechnung tragen. Die Gesellschaft sollte also sowohl in synchroner als auch in diachroner Hinsicht wie ein Körper betrachtet werden. Im *Plan* hatte Comte ja schon wiederholt eine »Analogie« gebraucht, um die »Gattungsentwicklung«, die sich in seinen Augen auf die europäische Gesellschaft konzentrierte, wie die Entwicklung eines einzelnen Menschen begreifen zu können, denn für ihn schien die »Entwicklung der Art« eine »Resultierende der individuellen Entwicklungen« zu sein, »welche sich von Generation zu Generation verketten« (P: 144).

Comte bediente sich derselben Analogie, die man in den Fortschrittstheorien der Aufklärungsphilosophie findet. Zwar hat er im *Plan* die Philosophen, an die er anknüpfte, nicht namentlich genannt. Seine Argumentation macht es aber einfach, sie zu identifizieren. Wenn er die Entwicklung der Gesellschaft mit der Entwicklung eines Einzelmenschen vergleicht und sie als einen Prozess der Vervollkommnung vom »Kindheitszustande« bis zur

»Reife« des Erwachsenen versteht (P: 75 u. 102), dann benutzte er jene Metapher, mit der Blaise Pascal vermittels einer Analogie zwischen Mensch und Menschengeschlecht den kollektiven Fortschritt im Sinne eines Lebenslaufs konzipiert hatte. In der Tat heißt es dann im *Cours*, Pascal habe »die erste befriedigende Auffassung des allgemeinen Fortschreitens« in einem »bewundernswürdigen, auf immer grundlegenden Aphorismus« formuliert, der so lautet: »Die ganze Folge der Menschen während der langen Reihe der Jahrhunderte muß wie ein einziger Mensch betrachtet werden, welcher immer fortlebt und ununterbrochen lernt.« (C4: 171)

Pascal hatte 1651 in einem Fragment über den leeren Raum den Menschen als ein vervollkommnungsfähiges Wesen betrachtet, das in der ersten Zeit seines Lebens in Unwissenheit stehe, dann jedoch ohne Unterlass lerne, indem es neben seinen eigenen Erfahrungen auch die seiner Vorgänger nutze, »denn die Erkenntnisse, die er selbst sich einmal erworben hat, bewahrt er für immer in seinem Gedächtnis, und die seiner Vorfahren sind ihm in den Büchern, die sie darüber hinterlassen haben, stets vor Augen«; auf diese Weise sei es möglich, dass »nicht nur jeder einzelne Mensch von Tag zu Tag Fortschritte in den Wissenschaften macht, sondern auch die Gesamtheit der Menschen, im Maße das Weltall älter wird, sich unaufhörlich darin vervollkommnet; denn mit der Aufeinanderfolge der Menschen geht es ebenso wie mit den verschiedenen Lebensaltern beim Einzelnen. So müssen wir die Gesamtheit der Menschen im Verlaufe so vieler Jahrhunderte wie einen einzigen Menschen betrachten, der noch immer da ist und ohne Unterlaß lernt.«[44]

Wie Comte bemerkte, hatte Pascal lediglich den Fortschritt in den mathematischen Wissenschaften im Blick gehabt. (C6: 234) Dank Fontenelles Engagement 1688 in der *Querelle des anciens et des modernes* habe sich der Fortschrittsbegriff jedoch soweit in der Philosophie etablieren können, wie es »die im Mittelalter hervortretende große Regelwidrigkeit gestatten konnte« (C6: 236). Da trotz Korrekturen, zu denen Turgots Theorie der »Vervollkommnungsfähigkeit« zu zählen sei, das Mittelalter nach wie vor als »Ausnahme vom Gesetz des Fortschrittes« (C6: 236) betrachtet werde, nahm es Comte für sich in Anspruch, die erste kohärente Fortschrittstheorie zu formulieren.

Allein, ohne seine Leistung schmälern zu wollen, muss darauf hingewiesen werden, dass er Turgot mehr verdankte, als er einräumte. Und das gilt bereits für den *Plan*, wo er seine Kritik an Condorcet nur mithilfe eines Arguments von Turgot entwickeln konnte.

Weit davon entfernt, sich vom Licht der Vernunft blenden zu lassen, hatte Turgot nämlich den fehlenden Baustein für die Kohärenz der Fortschrittstheorie beigebracht, indem er 1750 in seinem *Vortrag über die Vorteile, die die Entstehung des Christentums der Menschheit verschafft hat* argumentierte, dass sich die Vernunft nicht gegen das Christentum, sondern mit seiner Hilfe realisiert habe. Gerade das sollte ihr zur Durchsetzung verholfen haben, was ihr nach dem Bekunden von Religionskritikern wie Voltaire widersprach. So konnte Turgot »die durch die christliche Religion aufgeklärte Welt«[45] des Mittelalters in eine aufsteigende Linie des Fortschritts einordnen.

Panajotis Kondylis hat hinsichtlich dieser Argumentation vom Konzept der »Heterogonie der Zwecke« gesprochen; dieses Konzept, das die politische Ökonomie des 18. Jahrhunderts stark beeinflussen sollte, hatte Bernard de Mandeville 1714 in seiner *Bienenfabel* entwickelt[46], um Ordnung im Sinne einer »automatisch zustande kommenden Harmonie unzähliger scheinbarer Disharmonien« begreifen zu können: »Turgot überträgt es nun von der sozialen Synchronie auf die geschichtliche Diachronie und wertet es somit im Sinne des Fortschrittsdenkens aus [...].

Seine Anziehungskraft besteht in seiner Eignung, auf geradezu alchemistische Weise alles, was Fortschritt unmöglich zu machen scheint, in [ein] fortschrittsförderndes Moment zu verwandeln und somit die Unvermeidlichkeit des Fortschritts a priori zu beweisen. Was könnte denn der Vernunft widerstehen, wenn das Unvernünftige selbst zur Realisierung ihrer Ziele ungewollt beiträgt?«[47]

Schon im *Plan* hatte sich Comte ausgiebig dieses Konzepts bedient, zum Beispiel, wenn er die Könige als unfreiwillige Fortschrittsförderer vorstellte, die Sklaverei als eine für die wirtschaftliche Entwicklung wichtige Institution einstufte (weil durch sie das Leben von Kriegsgefangenen und damit von Arbeitskräften geschont werde) oder eben wenn er die christliche Religion als Wegbereiterin dauerhafter Ordnung anführte. Im *Cours* setzte er diese Strategie konsequent fort.

Comte machte indes noch weiteren Gebrauch von Turgots Werk. Schließlich war es Turgot, der Pascals Lebenslauf-Metapher fortschrittstheoretisch weiterentwickelt hatte[48], indem er nicht nur das Konzept der Heterogonie der Zwecke, sondern auch den in der politischen Ökonomie gebräuchlichen Begriff der Arbeitsteilung auf die Diachronie übertragen hatte. Diese Maßnahme ermöglichte es, die Reihe der Generationen im Sinne eines sich qualitativ kontinuierlich steigernden Produktionszusammenhangs zu begreifen, was es wiederum erlaubte, von einer Vervollkommnung des Menschengeschlechts zu sprechen. Für Turgot konnte von Fortschritt nur die Rede sein, wenn die Lebenszeit des Menschen überschritten wird. Ohne die Bedeutung großer Genies zu leugnen, hatte er denn auch das Menschengeschlecht zum Subjekt des Fortschritts erklärt – zu einem Subjekt, das zu seiner Vervollkommnung allerdings einer koordinierenden Kraft bedurfte.

Denn mit der Übertragung des Konzepts der Heterogonie der

Zwecke von der Synchronie auf die Diachronie hatte Turgot das Problem geerbt, wie sich die vielen heterogenen Handlungen zu einem gemeinsamen Fortschreiten vernetzen lassen. Turgot ging hier ebenso vor wie die Vertreter der politischen Ökonomie. Diese hofften zwar, dass sich Ordnung gleichsam hinter dem Rücken der ihre eigenen Zwecke verfolgenden Menschen wie von selbst einstellen werde, mussten dann aber doch eine regulierende Kraft wie die »unsichtbare Hand« in Anspruch nehmen.[49]

Auch Turgot benötigte eine solche koordinierende Kraft. In seinen Augen waren die Menschen unfähig, die Geschichte zu gestalten. Ihre subjektive Vernunft reiche zum Verfolgen ihrer besonderen Interessen hin, für die Vervollkommnung des Menschengeschlechts sei jedoch eine objektive Vernunft vonnöten, wie er anhand eines Vergleichs illustrierte: »Mir scheint, als sähe ich eine riesige Armee, deren Bewegungen von einem großen Genie gelenkt werden. Beim Anblick militärischer Signale, beim tobenden Lärm der Trommeln und Trompeten geraten ganze Schwadrone in Bewegung, selbst die Pferde werden von einem unerklärlichen Feuer erfüllt; jeder Teil geht seinen Weg über alle Hindernisse hinweg, ohne zu wissen, wie es endet; allein der Heerführer sieht die Wirkung so vieler vereinter Märsche.«[50]

Höhere Macht, Vorsehung, Vernunft und Natur waren andere Begriffe, mit denen Turgot die Kraft bezeichnete, welche die Vervollkommnung des Menschengeschlechts voranbringen sollte. In den Ohren Comtes mussten sie allesamt nach Theologie und Metaphysik klingen. Da er allerdings ebenfalls eine koordinierende Kraft benötigte, um seine Vorstellung von einer Gesellschaft aufrechterhalten zu können, die zu einer gleichermaßen dauerhaften wie aufgeklärten Ordnung fortschreitet, wollte er diese Kraft aller übernatürlichen Konnotationen entkleiden. Aus diesem Grunde sprach er von einem Entwicklungsgesetz, das er durch bloße Beobachtung der Geschichte entdeckt haben wollte und das im Übrigen als eine der Theologie und Metaphysik unverdächtige logische, nämlich dialektische Bewegung begriffen werden konnte.

Im vierten Band des *Cours* bezeichnete Comte die »soziale Physik«, die er im *Plan* gefordert hatte, als »Soziologie« (C4: 184), und er widmete diesen wie auch den fünften und sechsten Band der Rekonstruktion des Entwicklungsgangs der Menschheit. Wie nicht anders zu erwarten, konzentrierte er sich dabei zum einen auf den gesellschaftlichen Wandel, der in Europa seit dem Mittelalter stattgefunden hatte; er zeichnete den Niedergang des theologisch-feudalen Systems nach: die Diskreditierung der christlichen Heilsgeschichte durch die Aufklärung und die Unterminierung der Herrschaft über Land und Leute durch die Industrialisierung. Zum anderen präparierte er die Komponenten des alten Systems heraus, die bewahrt werden mussten, um eine neue Ordnung errichten zu können. Die Aufklärungsphilosophen hatten seines Erachtens ja keine durch die Vergangenheit aufgeklärte Doktrin formuliert, mit der sie den Aufbau von Ordnung hätten betreiben können, weswegen sie auf eine Neuauflage der Demokratie verfallen mussten, die dann in Despotie und Anarchie geendet hätte.

Bei seiner Explikation der Bedingungen, die erfüllt sein mussten, um eine dauerhafte Ordnung zu begründen, konnte er nun ebenfalls auf Vorarbeiten von Pascal und Turgot zählen.

Mit seinem *Vortrag über die Vorteile, die die Entstehung des Christentums der Menschheit verschafft hat* war es Turgot nicht nur gelungen, das für die Formulierung einer kohärenten Fortschrittstheorie benötigte fehlende Glied beizubringen. Er hatte darüber hinaus das Prinzip benannt, das die Dauerhaftigkeit der alten Ordnung gewährleistet hatte.

Kraft ihrer Moraldoktrin, mit der das in der menschlichen Natur angelegte soziale Gefühl der Liebe entwickelt wurde, habe die christliche Religion die Leidenschaften des Menschen gezügelt und seine Eigenliebe in Nächstenliebe überführt. Es sei ihr sogar gelungen, das Prinzip der Liebe auf einen größeren Umkreis auszudehnen und eine allgemeine Liebe zur Menschheit zu verkünden: »Sie allein hat die Rechte der Menschheit ans Licht gebracht. Man hat endlich die wahren Prinzipien erkannt, die der Gemeinschaft der Menschen und den Gesellschaften zu Grunde liegen. Es gelang endlich, die Vorliebe für eine Gesellschaft, der man angehörte, mit der allgemeinen Liebe zur Menschheit zu verbinden.«[51]

Auch Comte erkannte in der allgemeinen Menschenliebe den wesentlichen Faktor sozialen Fortschritts; die »tiefe Weisheit des Katholizismus, die endlich die Moral über jedes menschliche Wesen erhob, damit sie ohne Unterlaß deren verschiedene Handlungen leite und beaufsichtige, hat [...] gewiß das fundamentalste Prinzip des sozialen Lebens aufgestellt« (C5: 318 f.). Was einst in der Gemeinde der Urchristen keimte, habe dank der Trennung von geistlicher und weltlicher Gewalt im Mittelalter zur Ordnung Europas beigetragen: »Indem der Katholizismus eine rein moralische Macht bildete, die von der eigentlich politischen deutlich unterschieden und unabhängig war, hat sein eminent soziales Wesen vor allem darin bestanden, die Politik allmählich so viel als möglich mit der Moral zu durchdringen [...].« (C5: 243) Aus diesem Grunde war für Comte die auf der christlichen Religion gründende Ordnung des mittelalterlichen Europa das schlechthinnige Vorbild für die neu zu errichtende Ordnung:

»Betrachtet man [...] die soziale Moral im eigentlichen Sinne, so wäre es gar nicht überflüssig, hier ausdrücklich den wesentlichen Einfluß des Katholizismus auf den kraftvollen, aber barbarischen Patriotismus festzustellen, der die Alten allein beseelte, insofern er ihn durch das höhere

Gefühl der Menschlichkeit oder der allgemeinen Brüderlichkeit veredelte, das durch ihn unter dem süßen Namen Barmherzigkeit so glücklich verallgemeinert wurde. Ohne Zweifel zogen die Natur der Lehren und die davon herrührenden religiösen Gegensätze dieser im wesentlichen meistens auf die christlichen Bevölkerungsteile beschränkten, hypothetisch allumfassenden Nächstenliebe tatsächlich erhebliche Grenzen; aber innerhalb dieser Grenzen wurden die Gefühle der Brüderlichkeit unter den verschiedenen Völkern außer dem gemeinsamen Glauben, der ihre Grundursache war, kräftig entwickelt durch ihre gleichförmige gewohnheitsmäßige Unterordnung unter ein und dieselbe geistliche Gewalt, deren Glieder sich, trotz ihrer besonderen Nationalität, naturgemäß als Mitbürger der ganzen Christenheit fühlten. Man hat mit Recht bemerkt, daß die Verbesserung der europäischen Beziehungen, die Vervollkommnung des Völkerrechtes und die dem Kriege selbst immer mehr auferlegten Bedingungen der Menschlichkeit in der Tat bis zu der Epoche zurückreichen, wo der katholische Einfluß alle Teile Europas unmittelbar miteinander verband.« (C5: 328 f.)

Da nach Comtes Überzeugung die Aufklärungsphilosophen und politischen Ökonomen nichts dazu beitragen, »der fortgesetzten Entwicklung der individuellen Selbstsucht einen irgendwie wirksamen Zügel anzulegen« (C4: 99), machte er das Prinzip der Liebe zum ordnungstheoretischen Kern seiner organischen Lehre, die damit zur Moraldoktrin wurde.

Um nicht gegen den Fortschritt zu verstoßen, musste dieses auch für Comte in der menschlichen Natur wurzelnde Prinzip selbstredend von den unhaltbaren, weil der bloßen Fantasie entspringenden Annahmen befreit werden, mit denen es die Theologen überfrachtet hatten. So habe insbesondere deren Eschatologie seine Wirksamkeit beeinträchtigt. Ihretwegen konnte man nämlich nur »vorübergehend verbundene Individuen zugestehen, die alle von einem rein persönlichen Endzweck in Anspruch genommen sind, und deren nutzlose schließliche Vereinigung, unklar in den Himmel verlegt, der menschlichen Einbildungskraft in Ermangelung irgendeines faßbaren Zieles nur ein durchaus fruchtloses Vorbild bieten konnte« (C6: 743). Für Comte gab es kein Jenseits; wenn sich irgendwann einmal ein vollkommener Zustand einstellen würde, dann im Diesseits. Und dafür war es notwendig, das soziale Prinzip der Liebe aller asozialen theologischen Konnotationen zu entkleiden.

Comte beharrte folgerichtig darauf, dass »die Masse des Menschengeschlechtes, in der Gegenwart, in der Vergangenheit und selbst in der Zukunft, in jeder Hinsicht und immer mehr, sei es örtlich oder zeitlich, eine ungeheure und ewige soziale Einheit bildet, deren verschiedene individuelle oder nationale Organe, unaufhörlich durch eine innige und allumfassende Solidarität verbunden, jedes auf seine Art und in einem bestimmten Maße zur fundamentalen Entwicklung der Menschheit unvermeidlich beitragen« (C4: 297). Er betrachtete diese Annahme als eine »wahrhaft bedeutungsvolle und ganz moderne Anschauung, die später die rationelle Hauptgrundlage der positiven Moral werden muß« (C4: 297 f.). Später – damit war das große *Système de politique positive* gemeint, in dem nun Pascal eine wichtige Rolle spielen sollte.

Tatsächlich kam Comte im *Système* erneut auf Pascal zu sprechen. Nachdem er im *Cours* versichert hatte, den fortschrittstheoretischen Aspekt seiner Doktrin »nach dem berühmten Ausspruche Pascals« (C4: 297) auszuarbeiten, sprach er Pascal im *Système* das Verdienst zu, die erste Konzipierung jenes »ungeheuren und ewigen Organismus« (S1: 336) vorgelegt zu haben. Damit ging Comte freilich über Pascals Fragment über den leeren Raum hinaus, was auf der Hand lag, denn in den damaligen Editionen war dieses Textstück ein Teil der pascalschen *Pensées*.[52]

In den *Pensées* konnte er nun aber Gedanken finden, die sich als Fortentwicklung der Lebenslauf-Metapher des Fragments verstehen ließen. Hatte Pascal das Menschengeschlecht im Fragment fortschrittstheoretisch, in diachroner Perspektive betrachtet, so ging er nunmehr ordnungstheoretisch, also in synchroner Perspektive, zu Werke[53], was es Comte erlaubte, die Integration jenes »einzigen Menschen« zu begreifen, der immer fortleben und ununterbrochen lernen soll. Pascal hatte dabei von einem »Körper aus denkenden Gliedern«[54] gesprochen. Deren Geist könne entweder aufs Ganze gerichtet sein oder nach sich selbst streben. Letzteres widerspreche aber nicht nur jedweder Ordnung, sondern auch dem Wesen eines Gliedes. Denn: »Glied sein, heißt: Leben, Sein und Bewegung nur vom Geist des Körpers und für den Körper zu haben.«[55]

Da das denkende Glied auf die Liebe, die es sich selbst zu schulden meint, gleichwohl nicht verzichten will, muss es um der Ordnung willen gelenkt werden. Die Instanz, die diese Lenkung vollbringt, bezeichnete Pascal als Herz. »Herz« ist der Name für die Liebesfähigkeit des Gliedes. Es generiert ein Gefühl für das Ganze und vermittelt dem Glied, dass es sich in Wahrheit nur dann liebt, wenn es den Körper liebt, dessen Teil es ist. Um diesen Zusammenhang zu illustrieren, wies Pascal auf Paulus' Vergleich der Gemeinde Christi mit dem Leib Christi hin: »Man liebt sich, weil man ein Glied Jesu Christi ist; man liebt Jesus Christus, weil er der Leib ist, dessen Glied man ist. Alles ist eins und das eine im andern [...].«[56] Die Liebe zu Jesus Christus musste also nur als Liebe zur Menschheit interpretiert werden, um sie diesem »Urbild des christlichen Organismus« (C5: 254) entsprechend als sozialen Kitt begreifen zu können.

Pascal war von seinem Gedanken so überzeugt, dass er ihn auf die Beziehung größerer sozialer Einheiten ausweitete: »Wenn die Glieder der natürlichen und bürgerlichen Gemeinschaften auf das Wohl des Ganzen ausgerichtet sind, dann sollen die Gemeinschaften selbst in eine umfassendere Gemeinschaft streben, deren Glieder sie sind.«[57] Zweifelsohne ließ sich so der ungeheure und ewige Organismus konzipieren, den die Menschheit bilden und zu dessen Entwicklung jedes Glied nach seiner Art beitragen sollte.

Nachdem Comte im *Cours* noch einmal auf die negative Tendenz der Arbeitsteilung hingewiesen hatte, »den auf das Ganze gerichteten Geist zu ersticken« (C4: 439), verfügte er nunmehr mit der »Vorherrschaft des Herzens über den Geist« (S1: 172) über ein Korrektiv. Das Herz sei die Instanz, von der die innige und allumfassende Solidarität ausgehe, welche die Ordnung jenes ungeheuren und ewigen Organismus garantiere. Nur wenn das Herz den Geist durch das Gefühl der Liebe zügelt, lässt sich, wie Comte im *Cours* gefordert hatte, der »Egoismus nachdrücklich im Zaume« halten und jene »Harmonie« herstellen, »die zwischen dem auf das Ganze und dem auf das Einzelne gerichteten Geiste herrschen soll« (C4: 160 u. 158). Comte ging es keineswegs darum, den auf das Einzelne gerichteten Geist zu verurteilen, sei doch ohne ihn kein Fortschritt möglich. Auch historisch sei seine Vorherrschaft während der vergangenen drei Jahrhunderte notwendig gewesen, »sei es, um die schließliche Zersetzung der alten Organisation zu bewirken, sei es vor allem, um die unerläßliche Entwicklung der Elemente einer neuen Ordnung zu erleichtern«; gleichwohl insistierte er darauf, dass »es jetzt der auf das Ganze gerichtete Geist ist, der ausschließlich bei der Leitung der sozialen Reorganisation vorzuwalten hat« (C4: 443). Nur so sei die Vervollkommnung der Menschheit möglich. Erst wenn das Denken jedes Menschen durch das »Liebe« genannte »Gefühl der Solidarität« gezähmt ist, wird man die »verschiedenen aufeinanderfolgenden Generationen der Menschheit« als mitwirkend an »demselben Endzwecke« der »menschlichen Einheit« begreifen können (C4: 333 f.).

Wie Pascal versuchte Comte das Problem der Ordnung nicht als Frage nach der rechten Verfassung, sondern der rechten Verfasstheit des Menschen anzugehen. Die innere Ordnung des Menschen stellt sich beiden als Voraussetzung für die Ordnung der Gesellschaft dar. Es überrascht also nicht, dass das Herz zur Grundkategorie seines *Système* wurde, in dem Comte der Moderne eine »neue Herrschaft des Herzens« verordnete und die »allumfassende Liebe« zum Prinzip positiver Moral erklärte (S1: 20 u. 94), um die »von den griechischen Philosophen und ihren modernen Nachahmern« angestrebte absolute »Herrschaft des Geistes«, die doch nur dem Egoismus Vorschub leiste, zu brechen (C5: 226).

Diese Herrschaft des Geistes hatte der Katholizismus im Mittelalter gebrochen, indem er eine »fundamentale Trennung zwischen der geistlichen und weltlichen Gewalt begründete« (C5: 239). Comte plädierte für eine Wiedereinführung dieser Trennung, auf dass die neue geistliche Gewalt mithilfe ihrer auf Pascal fußenden und im besten Sinne organischen Doktrin alle anarchischen Umtriebe in die Schranken weise. Sie sollte die weltliche Gewalt kontrollieren und sie sollte natürlich auch die Erziehung in die Hand nehmen: »Eine gemeinsame Doktrin und dementsprechende Sitten gemäß einem einheitlichen und allgemeinen Erziehungssystem, das geführt und betrieben wird von ein und derselben geistlichen Gewalt – das ist es, was nunmehr die erste soziale Aufgabe des ganzen Abendlandes ausmacht.« (S1: 81 f.)

Nun ist die Frage berechtigt, ob diese neue organische Doktrin sowie die Wiedereinführung der mittelalterlichen Gewaltenteilung tatsächlich so umstandslos in die Moderne passen, wie Comte behauptete.

Was die Gewaltenteilung betrifft, so ist diese nicht nur unabhängig von feudalen Strukturen denkbar, sondern sogar in die Moderne transferierbar. Wie wir gesehen haben, war Comtes funktionalistische Interpretation der auf Paulus' Leibesmetapher fußenden, durch Gelasius' Zweigewaltenlehre politisch wirkmächtig gewordenen mittelalterlichen Gewaltenteilung durchaus zutreffend. Heute meint man denn auch, in der mittelalterlichen Gewaltenteilung die erste funktionale Strukturierung der Gesellschaft zu erkennen: »[...] the compromise of Worms in 1122 is the obvious beginning of a functional structuration of society. By distinguishing for the first time clearly between the different powers of the Emperor and of the Pope, the office of the Emperor became secularized and that of the Pope spiritualized. Thus a third organizational principle between Cesaropapism and hierocracy was found, i.e. the functional separation of two essentially equivalent, but different powers.«[58]

Strukturell gesehen war die Teilung also nicht nur mit der Moderne vereinbar, sondern markierte geradezu ihren Beginn: »This was the beginning of the process of modernization in the West.«[59] Tatsächlich war im Zuge der Industrialisierung die Arbeitsteilung zu einem wesentlichen Strukturmerkmal der Moderne geworden. Deshalb konnte Comte auch die moderne Aufteilung der Gewalt in eine gesetzgebende, ausübende und richterliche als ein Nachfolgemodell der mittelalterlichen Gewaltenteilung begreifen, als ein Modell freilich, das in seinen Augen an der Wirklichkeit scheitern musste, weil es zu unterkomplex war, als dass es den Aufbau einer stabilen Ordnung hätte anleiten können.

Was nun die neue organische Doktrin betrifft, so kann von einem Rückfall in die Theologie keine Rede sein. Dies träfe zweifellos zu, wäre bei Pascal lediglich Vernunftkritik zu erkennen, was aber nicht stimmt. Zwar hatte Pascal den Rationalismus René Descartes'[60] kritisiert und behauptet, nicht durch den Geist selbst, sondern durch das Herz würden jene ersten Prinzipien intuitiv erkannt, aus denen der Geist deduziere: »Die Prinzipien erspüren wir, die Lehrsätze erschließen wir, und beides mit Sicherheit, obgleich auf verschiedene Weise. [...] Das Herz hat seine Ordnung; der Geist hat die seine [...].«[61] Wie man sieht, ging es Pascal aber nicht um ein Anderes der Vernunft, vielmehr um eine andere Vernunft. Es ging ihm um eine »Vernunft des Herzens«[62], die er sowohl in erkenntnistheoretischer als auch in ordnungstheoretischer Hinsicht zur übergreifenden Instanz erklärte.

Ebenso wenig muss diese Vernunft des Herzens Comte als Rückfall in die Metaphysik erschienen sein, insofern er sie geschlechtertheoretisch auflösen und im weiblichen Körper verankern konnte. Schon im *Cours* hatte er die »chimärische Gleichheit der Geschlechter« als eine sinnlose politische Konstruktion kritisiert. (C4: 415) Für ihn war es nicht nur ausgemacht, dass der Mann zu einer höheren »Intensität der geistigen Arbeit« fähig sei; nicht minder stand für ihn fest, dass »die Frauen den Männern im allgemeinen durch eine stärkere natürliche Entfaltung der Sympathie und des Geselligkeitstriebes [...] überlegen sind« (C4: 416-418). An diese soziale Überlegenheit des weiblichen Organismus musste im *Système* nur erinnert werden: »Dieses Geschlecht ist gewiss unserem überlegen, wenn es um die grundlegendste Eigenschaft der menschlichen Gattung geht, nämlich um die Tendenz, dem Gemeinschaftssinn die Vorherrschaft über die Eigenliebe zu verschaffen.« (S1: 210)

Es war nur konsequent, dass Comte den Frauen eine besondere Bedeutung im Rahmen des neuen sozialen Systems beimaß: »die soziale Bestimmung der Frauen ist sogleich eine notwendige Folge ihrer wahren Natur« (S1: 210). Die Frauen erhielten die »Funktion« zugesprochen, durch eine »Erregung des sozialen Instinktes die allgemeine Richtung unaufhörlich zu modifizieren, die ursprünglich mit Notwendigkeit stets der zu kalten oder zu groben Vernunft entstammt, die in der Regel das stärkere Geschlecht charakterisiert« (C4: 418).[63]

Bemerkenswert ist, wie Comte von der menschlichen Natur auf die Gesellschaft schloss, indem er, die in der heutigen Psychologie übliche Unterscheidung zwischen Kognition, Emotion und Motivation vorwegnehmend[64], die Psyche in die Bereiche Denken, Fühlen und Handeln einteilte, um ihnen drei Großgruppen zuzuordnen, für die der jeweilige Aspekt der Psyche charakteristisch sein sollte und die gemeinsam die Reorganisation der Gesellschaft zu besorgen hätten. Für das Denken seien die Gelehrten zuständig, für das Fühlen die Frauen, für das Handeln die Proletarier, die seit den Dreißigerjahren des 19. Jahrhunderts als politische Kraft in Erscheinung traten und die Comte als Fußtruppen der geistlichen Gewalt einplante. (S1: 150, 183 u. 215) Die Gelehrten und die Proletarier hatten sich dem sozialisierenden Einfluss der Frauen im Sinne einer »stetigen Unterordnung des Denkens und des Handelns unter die allumfassende Liebe« (S1: 205) auszusetzen.

Comte verortete sich auf der Seite der Vernunft. Um sich gleichwohl von der Aufklärungsphilosophie mit ihrem kritischen Geist abzugrenzen, teilte er die Moderne in zwei Phasen ein. Die erste Phase sei negativ gewesen; in ihr sei das alte System zerstört worden. Die zweite Phase sei positiv, denn in ihr werde der Aufbau des neuen Systems befördert, weshalb Comte, wie bereits erwähnt, seinen Ansatz auch Positivismus nannte. (S1: 60-79)

Die Religion der Humanität

Um das Projekt der Moderne vollenden zu können, musste diese Liebesmoral praktisch werden. Dass eine neue geistliche Gewalt sowohl das Erziehungssystem übernehmen wie auch als Korrektiv der weltlichen Gewalt fungieren müsse, stand für Comte fest. Aber was sprach eigentlich dagegen, gleich ganz eine neue Religion zu gründen? Wie Georg Simmel herausgearbeitet hat, sind Religionen nicht zuletzt aus der Sehnsucht nach sozialer Einheit entstanden:

»Gerade die Thatsache, daß gegen diese Einheit der Gesellschaft gelegentlich angekämpft wird, daß die Freiheit des Individuums sich ihr zu entziehen trachtet, daß sie sich bei den engsten und naivsten Bindungen nicht so selbstverständlich durchsetzt, wie die Einheit eines Organismus in seinen Bestandteilen – gerade das muß sie in das menschliche Bewußtsein emporgetrieben haben, als eine besondere Form und einen besonderen Werth des Seins. Die Einheit der Dinge und der Interessen, die uns zunächst auf dem sozialen Gebiete nahegebracht wird, findet ihre reine und gleichsam von aller Materie gelöste Darstellung in der Idee des Göttlichen [...]. Es ist das tiefe Wesen der Gottesidee, daß in ihr die Mannigfaltigkeit und Entgegengesetztheit der Dinge Zusammenhang und Einheit findet [...].«[65]

Tatsächlich sollte Comte seinen Religionsbegriff in ebendiesem Sinne definieren: »An und für sich bezeichnet er den Zustand vollkommener *Einheit*, welche unser sowohl persönliches als soziales Dasein kennzeichnet [...]. Die Religion besteht somit darin, jede Einzelnatur zu regeln (régler) und alle Individuen zu sammeln (rallier) [...].« (K: 44) Durch Turgot war ihm nicht nur der ordnungsstiftende, sondern auch der fortschrittsfördernde Beitrag der christlichen Religion im Mittelalter deutlich geworden. Auch er sah in dieser Religion ein »allgemeines Werkzeug zur natürlichen Entwicklung der menschlichen Vernunft« (C4: 170). Es war also keineswegs abwegig, sich der Religion als Vehikel zu bedienen, um die Moral im Alltagsleben zu verankern. Comte konnte sich dafür entscheiden, ohne dass er sich als Gegenaufklärer hätte empfinden müssen.

Außerdem sollte es sich um eine Religion der Vernunft handeln. Dieser »neue Glauben«, den er bereits in seinen *Betrach-*

tungen über die geistliche Gewalt[66] und dann wieder im letzten Band des *Cours* in Aussicht gestellt hatte (C6: 462), würde sich auf kein übernatürliches Wesen richten. Es ging vielmehr um die Summe kognitiver, emotiver und motivationaler Rationalität, die Comte aus der Entwicklung der Menschheit destillierte und für die er die Bezeichnung »Humanité« (S1: 79) – Humanität – wählte, die »im Begriff ist, diejenige Gottes unwiderruflich zu beseitigen, um eine endgültige Einheit zu konstituieren, die vollständiger und dauerhafter sein wird als die provisorische Einheit des anfänglichen Regimes« (S1: 329).

Eigens zu diesem Zweck hat er den *Cours* ja geschrieben: Er hat darin die Entwicklung des Menschengeschlechts rekonstruiert, um jene Leistungen auszuweisen, die einen Beitrag zu dessen Vervollkommnung darstellen. Dabei hat er die Gesellschaft als einen sich in der Geschichte entwickelnden Organismus aufgefasst, dessen Glieder sowohl in synchroner als auch in diachroner Hinsicht durch Arbeitsteilung zusammenhängen, denn er wollte »in den Menschen aller Zeiten Mitarbeiter« (C4: 334) sehen. Da es nun jedoch Menschen gab, die man schwerlich als konstruktive Mitarbeiter betrachten konnte, war er zu einer Exklusion gezwungen. Destruktive Existenzen hatten der Menschheit zwar angehört, sollten aber nicht Glieder jenes ungeheuren und ewigen Organismus genannt werden, den Comte jetzt als »Grand-Etre«, als großes Wesen, bezeichnete. (S1: 329)[67] Weil andererseits verständlicherweise nicht alle Konstruktiven gewürdigt werden konnten, musste er eine Auswahl treffen und sich auf die Arbeit herausragender Frauen und Männer beschränken. Indem er aus der Menschheit ein Potenzial herausstellte, das sich weit über den Durchschnitt erhob, zielte er auf den Inbegriff von Menschlichkeit. So wurde aus der »humanité« die »Humanité«, die als Gattungsvernunft betrachtet und zum Gegenstand der Verehrung und des neuen Glaubens stilisiert werden konnte.

Comtes Vorgehen erinnert an Johann Gottfried Herder, der in den Neunzigerjahren des 18. Jahrhunderts in seinen Humanismus-Briefen formuliert hatte: »Das *Göttliche* in unserm Geschlecht ist also *Bildung zur Humanität*; alle großen und guten Menschen, Gesetzgeber, Erfinder, Philosophen, Dichter, Künstler, jeder edle Mensch in seinem Stande, bei der Erziehung seiner Kinder, bei der Beobachtung seiner Pflichten, durch Beispiel, Werk, Institut und Lehre hat dazu mitgeholfen. Humanität ist der Schatz und die Ausbeute aller menschlichen Bemühungen, gleichsam die *Kunst unseres Geschlechts.*«[68] Tatsächlich hatte Comte bereits im *Cours* in Aussicht gestellt,

»in kluger Nachahmung des Katholizismus ein System von zugleich öffentlichen und privaten Gewohnheiten zu errichten, die das kräftige Bewußtsein der sozialen Solidarität energisch wiederbeleben können. Da dieses Bewußtsein nicht vollständig genug sein kann ohne dasjenige der historischen Kontinuität unserer Gattung, so wird die positive Philosophie eine ihrer wertvollsten politischen Eigenschaften entfalten müssen, indem sie die Organisation eines ungeheuren Systemes eines allumfassenden Andenkens leitet, das der Katholizismus in Anbetracht des engherzigen und absoluten Geistes der entsprechenden Philosophie, die unfähig war, die ganze soziale Vergangenheit genügend zu erfassen, nur in schwachen Ansätzen verwirklichen konnte. Ein solches System, ausersehen, die verschiedenen, nacheinander folgenden Phasen der menschlichen Entwicklung und die auf Grund der gesunden dynamischen Theorie der Menschheit gleichmäßig gewürdigten Hauptbeförderer der Fortschritte mit allen anständigen Mitteln zu verherrlichen, wird außerdem glücklich genug zusammengestellt sein, um ganz von selbst einen hohen intellektuellen Nutzen zu haben, indem es die allgemeine Kenntnis dieses fundamentalen Ganges im Volke verbreiten wird.« (C6: 458 f.)

Einen Entwurf dieses ungeheuren Systems allumfassenden Andenkens legte er dann 1849 mit seinem *Positivistischen Kalender* vor, der seine endgültige Gestalt 1854 im vierten Band des

Système erhielt. Mit diesem Kalender verfolgte Comte dasselbe Ziel wie 1793 die Republikaner. Weil er mit der Tradition brechen wollte, die das Christentum vor der Revolution legitimiert hatte – und seit der Restauration wieder rechtfertigte –, musste die auf dem gregorianischen Kalender basierende christliche Zeitrechnung abgeschafft werden. Im Unterschied zu den Republikanern datierte Comte den Beginn der neuen Zeitrechnung freilich nicht auf das Jahr 1792, das Jahr der Gründung der ersten Republik Frankreichs, sondern auf das Jahr 1789, das Jahr der Französischen Revolution. Und anders als die Republikaner orientierte er sich weder an der Natur, um Namen für die Monate und Tage zu finden, noch sollte seinem Kalender die dekadische mathematische Strenge zugrunde liegen.

Comte ging hier mit sehr viel Einfühlungsvermögen vor, war die Erweiterung der Woche von sieben auf zehn Tage doch mit einer Reduzierung der Ruhetage von zweiundfünfzig Sonntagen auf sechsunddreißig »décadi« verbunden gewesen, was bei der arbeitenden Bevölkerung schon bald auf Ablehnung gestoßen war. Zudem stellte die Siebentagewoche ein Viertel eines vollen Mondzyklus dar und war insofern natürlicher als die Zehntagewoche. Wiewohl selbst Mathematiker, hielt Comte an der Siebentagewoche und am Mondzyklus fest; infolgedessen gliederte er das Jahr in dreizehn Monate zu je 28 Tagen, was 364 Tage ergibt.

Was die Namen der Monate und Wochentage betrifft, teilte Comte die Kritik der Republikaner: »Die Priester hatten jeden Tag des Jahres zum Gedenken eines so genannten Heiligen bestimmt; dieser Katalog zeigte sich weder nützlich, noch hatte er Methode; er war das Repertoire der Lüge, der Betrügerei und der Scharlatanerie.«[69] Die dem Jahreszeitenlauf folgende Namensgebung hielt er jedoch zum einen für überholt, denn mit der fortschreitenden Industrialisierung war die vorwiegend auf die Bedürfnisse der Landbevölkerung zielende Fixierung auf die Natur nicht mehr zeitgemäß. Zum anderen bot sich ihm hier die Chance, ein System des Andenkens zu schaffen, indem er die Entwicklung der Menschheit im Jahreszyklus nachbildete und den Tagen und Monaten die Namen von Frauen und Männern gab, die sich um den Fortschritt in herausragender Weise verdient gemacht hatten. Jedes Mitglied der neuen Ordnung sollte dieser Entwicklung im Alltag stets gewärtig sein, aus intellektuellen, aber auch aus sozialen Gründen:

»Dieses systematische Andenken unserer ganzen Vergangenheit ist vor allem dazu bestimmt, bei der heutigen Generation ein historisches Bewusstsein und ein Gefühl für Kontinuität zu entwickeln [...]. In einer Zeit, in der uns allein die Vorherrschaft des sozialen Gefühls vor einer stets drohenden Anarchie bewahren kann, ist es besonders wichtig, dieses Gefühl für die historische Kontinuität nach besten Kräften zu pflegen, sich also nicht auf die heutige Solidarität zu beschränken, die nur ein unzulänglicher Entwurf unserer wahren Soziabilität ist. Nichts kann die allumfassende Liebe, dieses Prinzip der endgültigen sittlichen Erneuerung, besser entwickeln als diese gleichzeitig privaten und öffentlichen Gewohnheiten, die in einer vertrauten und respektvollen Weise die verschiedenen Dienste all unserer Vorfahren in Erinnerung rufen.« (CP: 11 f.)

Comte widmete der Antike fünf Monate: Der erste sollte Moses heißen und an die Ursprünge der Theokratie erinnern; der Homer genannte zweite Monat war der antiken Dichtung zugedacht; der dritte erhielt den Namen Aristoteles und war der antiken Philosophie vorbehalten; der vierte Monat hieß Archimedes und gemahnte an die Wissenschaft der Antike; der fünfte Monat erinnerte schließlich mit seinem Namen Cäsar an die damalige militärische Zivilisation. Dem Mittelalter dachte Comte zwei Monate zu: Der erste erhielt den Namen Paulus und sollte an den Katholizismus erinnern; der zweite hieß Karl der Große und stand für den Feudalismus. Für die Moderne sah Comte im »positivistischen Pantheon« (CP: 18) sechs Monate vor: Der erste hieß Dante und stand für das moderne Epos; der Gutenberg genannte zweite Monat referierte auf die moderne Industrie; Shakespeare lautete die Bezeichnung des dritten, der dem modernen Drama galt; ihm folgte die moderne Philosophie unter dem Namen Descartes; danach die moderne Politik, die Friedrich der Große repräsentierte; der letzte Monat verkörperte unter dem Namen Bichat die moderne Wissenschaft.

Damit hatte Comte ein System des Andenkens geschaffen, dem er insofern eine aufklärerische Funktion beimaß, als es den Menschen die Entwicklung ihres Geschlechts ebenso permanent wie unaufdringlich vor Augen führen sollte, damit sie sich als Glieder einer langen Kette des Fortschritts begreifen und ein Gefühl der Solidarität zu ihren Mit-Gliedern, seien sie schon verstorben oder noch lebendig, entfalten könnten. Für Comte waren die Lebenden in objektiver Weise präsent, während die Toten in subjektiver Weise existierten, also in der Erinnerung, im Gedächtnis Einzelner wie im kollektiven Gedächtnis der Menschheit, anwesend waren. (S2: 60) Nicht in dieses kollektive Gedächtnis aufgenommen zu werden hieß, dem Vergessen anheim zu fallen, wobei das Recht, darüber zu entscheiden, wer aufgenommen wird und wer nicht, das Herrschaftsinstrument schlechthin der geistlichen Gewalt darstellte. Wer nicht der Solidarität lebte und sich nicht als konstruktiver Mitarbeiter der Menschheit erwies, dem wurde ein subjektives Weiterleben im kollektiven Gedächtnis verwehrt. Er wurde in den Abgrund des Vergessens gestoßen, wohingegen man sich der anderen – von denen wiederum nur die herausragendsten in den positivistischen Kalender aufgenommen wurden – in Dankbarkeit für ihre Leistungen erinnerte und ihre Arbeit zum Segen aller fortführte. Dass Comte sein System des Andenkens in Form eines Kalenders publizierte, war ein kluger Schritt, der Rücksicht auf die Umstände der Zeitlage nahm, in der Bücher für den Großteil der Bevölkerung kaum erschwinglich waren. Bis zum Ersten Weltkrieg blieb der Kalender oder Almanach die wichtigste Lektüre der einfachen Leute.[70]

Die hauptsächliche Funktion des positivistischen Kalenders bestand aber darin, einen Gegenstand kultischer Verehrung zu benennen, der den katholischen Glauben an Gott ablösen und durch einen neuen Glauben ersetzen konnte, ohne dabei der Gegenaufklärung das Wort zu reden. Comte wollte auch darin die Republikaner überbieten, war die Einführung ihres Kalenders doch Hand in Hand gegangen mit der Einführung einer neuen Religion. Man hatte nicht nur die christlichen Feste, die traditionell sonntags zelebriert wurden, durch vaterländische Festakte ersetzt, die am »décadi«, dem arbeitsfreien zehnten Tag der Woche, gefeiert wurden. Nachdem Chénier, einer der Väter des Revolutionskalenders, am 15. Brumaire II im Konvent gefordert hatte, den Katholizismus durch eine säkulare Religion zu ersetzen[71], gründeten die Republikaner den Kult der Vernunft. Schon fünf Tage später feierten sie in Notre-Dame ein Fest der Vernunft, auf dem Madame Maillard, eine Tänzerin der Pariser Oper, die Vernunft personifizierte:

»Man hatte, so gut es ging, in zwei Tagen in dem engen Chor von Notre-Dame einen Tempel der Philosophie errichtet, der mit den Bildern der Weisen, der Väter der Revolution, ausgeschmückt war. Ein Berg trug diesen Tempel; auf einem Felsen brannte die Fackel der Wahrheit. Unter den Säulen saßen die Behörden. Keine Waffen gab es und keine Soldaten. Zwei Reihen junger Mädchen, fast noch Kinder, bildeten den ganzen Schmuck des Festes; sie waren in weißen Kleidern, mit Eichenlaub [...] bekränzt [...]. Die Vernunft, weiß gekleidet und mit einem himmelblauen Mantel, schritt aus dem Tempel der Philosophie hervor und nahm auf einem schlichten grünen Sitz Platz. Die jungen Mädchen sangen ihr eine Hymne; mit sanftem Lächeln ging sie am Fuß des Berges entlang und warf einen milden Blick auf die Anwesenden. Dann kehrte sie zurück; man sang noch einmal. – Man wartete. – Das war alles.«[72]

Notre-Dame sollte von nun an Tempel der Vernunft heißen. Am 3. Frimaire II erließ die Pariser Stadtverwaltung die Verfügung, dass die Einwohner von Paris keinen anderen Kult mehr anzuerkennen haben als den der Vernunft; andere Städte zogen nach und funktionalisierten ebenfalls ihre Kirchen in Tempel der Vernunft um. Dennoch setzte sich dieser Kult nicht durch. Zum einen konnte er, der dem Geist der »philosophischen Schulen der Zeit der Enzyklopädie« entstammte, nicht das bieten, »was die Herzen und die Not der Zeit verlangten. Um den Mühen der Helden und Märtyrer einen Halt zu geben, brauchte es einen anderen Gott, als den der Geometrie.«[73] Zum anderen stieß der Kult der Vernunft auf den Widerstand Robespierres, welcher angesichts der durch die Entchristlichung provozierten gegenrevolutionären Ausschreitungen für Religionsfreiheit eintrat und eine bürgerliche Religion im Sinne Jean-Jacques Rousseaus begründen wollte, deren Gegenstand der Verehrung abstrakt genug war, um alle Bekenntnisse, das katholische ebenso wie das der Vernunft, unter sich zu vereinen.

Wie Rousseau in seinem *Gesellschaftsvertrag* von 1762 ausgeführt hat, sollte dem Staatskörper als dem Souverän unter anderem auch die Aufgabe zukommen, eine bürgerliche Religion zu formulieren, um den Untertanen Liebe zu ihren staatsbürgerlichen Pflichten einzuflößen. Er dachte dabei an ein

»rein bürgerliches Glaubensbekenntnis, dessen Lehrsätze der Souverän zu bestimmen berechtigt ist, nicht eigentlich als Religionslehrer, sondern als Vernunftwahrheiten und daraus fliessende Gesinnungen, durch deren praktische Betätigung der Bestand der Gesellschaft bedingt ist und ohne welche niemand ein guter Bürger und treuer Untertan sein kann. [...] Die Lehrsätze der bürgerlichen Religion müssen einfach, nicht zahlreich, bestimmt ausgedrückt und keiner Auslegung und gelehrten Erläuterungen bedürftig sein. Das Dasein einer allmächtigen, weisen, wohltätigen, allwissenden und allwaltenden Gottheit, ein zukünftiges Leben, die Belohnung der Gerechten, die Bestrafung der Bösen, die Heiligkeit des Gesellschaftsvertrages und der Gesetze, weiterer positiver Glaubenssätze bedarf es nicht.«[74]

Am 18. Floréal II verkündete Robespierre denn auch die Existenz eines höchsten Wesens, eine Bezeichnung, die er sich ebenfalls von Rousseau[75] borgte: »In den Augen des Gesetzgebers ist alles Wahrheit, was der Welt nützt und in der Praxis gut ist. Die Vorstellung von einem höchsten Wesen und von der Unsterblichkeit der Seele ist eine ständige Mahnung zur Gerechtigkeit; sie ist also sozial und republikanisch.«[76] Der Konvent erließ daraufhin ein Dekret, dessen erster Artikel lautete: »Das französische Volk erkennt die Existenz eines höchsten Wesens und die Unsterblichkeit der Seele an.«[77] Jetzt wurden die Tempel der Vernunft in Tempel des höchsten Wesens umbenannt. Am 20. Prairial II organisierte David, auch er ein Vater des Revolutionskalenders, ein Fest des höchsten Wesens. Es geriet zu einem Triumph Robespierres, der vier Tage zuvor zum Präsidenten des Konvents ernannt worden war und sich nun feiern ließ: »Er hielt Reden, legte Feuer an ein Standbild des Atheismus, sprach schöne Worte und machte schöne Gebärden. Er erschien in der Tat als Staatsoberhaupt und als geistliches Oberhaupt, als Papst und als Diktator.«[78]

Für Comte stellte der Kult des höchsten Wesens den ersten Schritt zur Restauration dar – »in Angriff genommen von Robespierre, fortgeführt von Bonaparte und auf Dauer gestellt von den Bourbonen« (S1: 379).[79] Im Kult der Vernunft hingegen konnte er ein ebensolches Vorbild sehen, wie er es im republikanischen Kalender erkannt hatte. Er konnte die Idee aufgreifen, um sie zu vervollkommnen. Es sollte kein Gott der »philosophes« verehrt werden, sondern etwas, von dem sich alle Menschen unmittelbar angezogen fühlen konnten, ohne dass sie einem neu gewandeten Aberglauben zum Opfer fielen. In den Augen Comtes gab es kein höchstes Wesen, sondern lediglich ein großes Wesen, nämlich die Menschheit (humanité), die sich, indem sie sich in der Vergegenwärtigung ihres eigenen Fortschreitens (Humanité) selbst verehrte, zu einer Einheit zusammenschließen sollte.

Dass von dieser Konzeption noch einhundert Jahre später eine unmittelbare Evidenz und Faszination ausgehen konnte, zeigen Nicolaus Sombarts Erinnerungen, in denen von einem Besuch im Haus 10, rue Monsieur le Prince, in dem Comte lange Jahre gelebt hatte und gestorben war, die Rede ist:

»Ach, ich war hingerissen! Nie war mir so deutlich gewesen, was auch meine Aufgabe sein mußte. Ich fühlte mich als Glied in der großen Schicksalsgemeinschaft Menschheit. Idee und Realität des Grand Etre waren mir plausibel, Geist und Körper durchströmte ein Gefühl der Zugehörigkeit, der Verbindung, der Abhängigkeit mit dem immensen physisch-psychisch-spirituellen Ensemble, dem geschichtlich-gesellschaftlichen Kontinuum, in dem wir stehen: ich war ein Teil des gewaltigen Organismus, in den zeitlich und räumlich unser Schicksal eingebettet ist, unser aller irdischer Leib: Die Toten, die vor uns gelebt haben, die Abfolge der zahllosen Generationen, die sich in der Vergangenheit verlor, die Lebenden, unsere Zeitgenossen, wo auch immer sie auf diesem, unserem Planeten beheimatet waren, und all jene, die erst geboren würden, die Abfolge der zahllosen Generationen nach uns, unsere Zukunft.«[80]

Es gibt noch weitere Affinitäten zwischen dem Kult der Vernunft und Comtes Religion der Humanität. Auch Comte wählte Notre-Dame zur Kultstätte, wofür er zwei Gründe gehabt haben dürfte.

Zum einen verortete er dadurch die zu gründende »Okzidentale Republik« in Paris, ebenso wie die christliche Ordnung des Mittelalters auf Rom hin ausgerichtet gewesen war; Europa war die Ecclesia Christi und insofern, als diese in Rom ihr Zentrum hatte, auf Rom konzentriert.[81] Für Comte war Frankreich der Mittelpunkt Europas, seitdem Karl der Große jenes »Zusammenwirken« der europäischen Völker herbeigeführt hatte, das es trotz aller Verschiedenheiten rechtfertige, in ihnen »ein wahrhaft einziges Volk« (C6: 24) zu sehen. Darüber hinaus betrachtete Comte Frankreich als die fortgeschrittenste europäische Nation, weswegen das geistliche Zentrum der »Okzidentalen Republik« nur in Paris, der »Hauptstadt der zivilisierten Welt« (C4: 323), angesiedelt werden konnte. Was den zweiten Grund betrifft, so passte der Name der Kathedrale in Comtes gesellschaftspolitisches Programm. Notre-Dame heißt »Unsere liebe Frau« und war eine alte französische Bezeichnung für die Jungfrau Maria.

Dass die Frauen in Comtes Programm eine herausragende Rolle spielen sollten, haben wir bereits gesehen. Für ihn war das weibliche Geschlecht dem männlichen in sozialer Hinsicht überlegen, weshalb er im Sinne der pascalschen Unterordnung der Vernunft des Geistes unter die des Herzens die Frauen als der Humanität näher stehend betrachtete: Sie »verdienen stets unsere zärtliche Verehrung, denn sie verkörpern am reinsten und unmittelbarsten die Humanität« (S1: 210). Comte zufolge repräsentieren sie allein schon durch ihre Natur die Humanität:

»Indem wir die ganze heilsame Philosophie auf die systematische Vorherrschaft des Herzens gründen, appellieren wir sogleich an die Frauen, auf dass sie einen tragenden Teil der neuen geistlichen Gewalt bilden. Die katholische Geistlichkeit konnte in ihnen nicht mehr sehen als wertvolle Hilfskräfte, weil der unmittelbare Ursprung dieser Geistlichkeit unabhängig von der Mitwirkung der Frauen war. Aber die positive Geistlichkeit sieht in ihnen eine unentbehrliche Kraft, weil sie die natürlichste und reinste Repräsentation ihres Grundprinzips darstellen. [...] Sie bilden, in einem Wort gesagt, die spontanen Priesterinnen der Humanität [...]. Ihre Bestimmung besteht vor allem in der unmittelbaren Pflege des affektiven Prinzips der menschlichen Einheit, von dem gerade sie die reinste Verkörperung darstellen.« (S1: 217 u. 227)

Die Bedeutung der Frauen war demnach klar. Doch was sollte Maria, eine – wenn auch umstrittene, so doch herausragende – katholische Heilige, mit der Religion der Humanität zu schaffen haben? Nun, ebenso wie die Republikaner die Vernunft symbolisieren mussten, um sie verehren und an sie glauben zu können, benötigte Comte ein Symbol für die Humanität. Ihm muss es als Fauxpas erschienen sein, die Vernunft der »philosophes«, diese kalte geometrische Vernunft des Geistes, ausgerechnet durch eine Frau zu verkörpern. Indes forderte die Humanität geradezu, von einer Frau symbolisiert zu werden. Aber Maria?

Hier mag noch einmal Herder weiterhelfen. In seinem 70. Humanitäts-Brief hat er die in der *Querelle des anciens et des modernes* erörterte Frage aufgeworfen, ob die Alten in der Kunst nicht alles Machbare vorweggenommen hätten, also von den Modernen gar nicht überholt werden könnten. Sollten die alten »Denkbilder reiner Formen der Menschheit« vielleicht sogar neue Ideen und Formen blockieren? Herder hat diese Frage verneint und auf eine Humanisierung der Religionsbegriffe hingewiesen, in deren Folge vor allem Maria in einer »eigenen Idee« hervortrat: »Dichter hatten sie mit der Stimme des Engels in zarten Worten oft gegrüßt, zutrauliche Gebete sie liebreich angeredet; jetzt trat die Kunst hinzu, sie auch sichtbar zu machen, sie und das Kind in ihren Armen, die selige *Mutter* und die heilige *Jungfrau*. Keuschheit also und mütterliche Liebe, Unschuld des Herzens und jene Demut, die in der größten Hoheit sich selbst nicht kennt, die in tiefer Armut die Seligste ihres Geschlechts ist [...].«[82]

Um diese »neue Form der Menschheit«[83] ging es Comte. Sein Interesse an Maria galt weniger der keuschen Jungfrau als vielmehr der liebenden Mutter, die sich selbst nicht kennt. Die theologischen Spekulationen ließen sich abstreifen, um die soziale Beziehung einer Mutter zu ihrem Kind als Ideal des menschlichen Miteinanders begreifen zu können: nämlich als »Vivre pour autrui«, als Leben für den anderen, wie das zweite Motto der »Okzidentalen Republik« lautete (das erste hieß »Ordre et Progrès« – Ordnung und Fortschritt). Comte wollte die Eigenliebe durch Nächstenliebe und allgemeine Menschenliebe zügeln, der Egoismus sollte durch etwas, was er »altruisme« (S1: 621; vgl. C4: 402-404), Altruismus, nannte, gezähmt werden. Den Altruismus verkörperte nun aber kein Mensch besser als Maria, zumal diese in den von Herder erwähnten Kunstwerken nicht als gebeugte Schmerzensmutter porträtiert ist: »Jene Glorreiche selbst, die, das Kind im Arm, über den Wolken schwebt, kennt sich selbst nicht und ist in einer sanften Verwunderung über die Hoheit, die ihr zuteil wird. Außer *Raphael* haben wenige diese Idee erreicht.«[84]

Comte plädierte dafür, »die Jungfrau Maria als das spontane Sinnbild der Humanität zu verehren« (S4: 145), und es sollten Raphaels Madonnen sein, die später die »Tempel der Humanität« (S1: 232) schmückten. Im Übrigen war Comtes Interesse an Maria gar nicht so ungewöhnlich für seine Zeit. Damit sind nicht die vielen Marienerscheinungen gemeint, auf die sich die Volksreligiosität kaprizierte. Mit der Romantik war eine neue ästhetische Beschäftigung mit Maria in Gang gekommen, die sich gerade an den Madonnenbildern der Renaissance orientierte.[85] Auch im *Faust* Johann Wolfgang von Goethes, dem zufolge uns das »Ewig-Weibliche«[86] ja ebenfalls hinanziehen soll, ist das Marien-Motiv vorhanden.

4. Über die Leidenschaften der Liebe und die Triebkraft der Soziokratie

Kultstätte und Symbol waren also gefunden. Nun galt es, für die Religion der Humanität eine Art Papst zu finden, der als Oberhaupt der neuen geistlichen Gewalt fungieren und einen neuen Kultus ausarbeiten konnte. Überflüssig zu erwähnen, dass dafür nur Comte selbst infrage kommen konnte, denn er allein war hinreichend qualifiziert. Er hatte seinen Geist nicht nur von jedweder theologischen und metaphysischen Fantasterei geläutert, sondern ihn auch durch eine Kultivierung des Gefühls von seinen destruktiven Tendenzen befreit.

Tatsächlich hatte sich Comte selbst als Versuchskaninchen betrachtet, als er den *Cours* verfasste. Der Reorganisation der Gesellschaft musste nach seinem Dafürhalten eine Reorganisation des Geistes vorausgehen, die er, um sie mit Erfolg betreiben zu können, erst einmal an sich selbst vollzogen haben musste: »Wenn sich aber eine solche Erneuerung zuerst auch nur in einem einzigen Intellekt genau vollzogen hätte (und sie muß wohl anfangs notwendig auf diese Weise einsetzen), so würde doch ihre mehr oder weniger nahe bevorstehende Verallgemeinerung darum nicht minder sicher sein.« (C4: 16)

Für Comte stand fest, dass ihm diese Erneuerung gelungen war. Er hatte sich jede Spezialisierung versagt, um das Ganze des Fortschritts ins Auge fassen zu können, wobei er durch das Nachvollziehen des Fortschritts seinen Geist säkularisieren wollte. Dabei hatte er erkannt, dass sich nacheinander die Astronomie, die Physik, die Chemie und die Physiologie zu positiven Wissenschaften entwickelt hatten, was er im ersten Band des *Cours* als »encyklopädische Formel« (C123: 31; W: 243) bezeichnete.

Die ersten drei Bände des *Cours* waren der Entwicklung der Naturwissenschaften gewidmet; die letzten drei Bände konstituierten die Soziologie und rekonstruierten die Entwicklung der Gesellschaft auf einen Streich. Ausgehend von der Mathematik als der Grundlagenwissenschaft, hat Comte die Entwicklung der Astronomie, der Physik, der Chemie und der Physiologie nachgezeichnet (C123); danach hat er die bereits vorliegenden Erkenntnisse über die Entwicklung der Gesellschaft systematisiert (C4), um einen eigenen Blick auf die Vergangenheit zu werfen (C5; C6). Überall zeigte sich ihm, dass die Entwicklung in drei Stufen vom theologischen über das metaphysische hin zum positiven Stadium vonstatten ging, und zwar in genau der Abfolge, die der enzyklopädischen Formel entsprach.

Der Leser des *Cours* bekommt nicht nur einen Eindruck von diesem Fortschritt, sondern auch von jenem arbeitsteiligen Zusammenhang in einer Generation sowie zwischen den Generationen, der sich Comte zufolge am Beispiel der Gelehrten besonders deutlich zeigen sollte. Die Bilanz des *Cours* war dementsprechend positiv: »Durch diese allumfassende Arbeit ist meine Intelligenz, von jeder Metaphysik ebenso vollkommen freigemacht wie von jeder Theologie, also endlich zu dem vollkommenen positiven Zustand gelangt, zu dem sie alle energischen Denker zu führen sucht, um gemeinsam die schließliche Systematisierung der modernen Vernunft vorzunehmen.« (C6: 768)

Comte hatte seinen enzyklopädischen Geist säkularisiert; jetzt musste sein allumfassender positiver Intellekt noch temperiert werden. Wie wir gesehen haben, hat er schon im *Cours* den Frauen die Rolle zugedacht, durch »Erregung des sozialen Instinktes die allgemeine Richtung unaufhörlich zu modifizieren, die ursprünglich mit Notwendigkeit stets der zu kalten oder zu groben Vernunft entstammt, die in der Regel das stärkere Geschlecht charakterisiert« (C4: 418). Was lag näher, als sich einem solchen weiblichen Einfluss auszusetzen?[87] Wie Dan Hofstadter in seiner Untersuchung des Briefverkehrs berühmter französischer Liebespaare des 19. Jahrhunderts hervorhebt, ist die Literaturgeschichte »voll von Beispielen für die sogenannte ›Triangulation des Begehrens‹, von Fällen also, in denen irgendeine dritte Instanz – eine Elternfigur oder ein romantisches Hindernis oder ein mächtiger Standesdünkel – dem Liebesobjekt einen gesteigerten Reiz verleiht; aber diese dritte Instanz ist in keiner Weise weniger real als irgendeine andere Macht in der Traumwelt der Leidenschaft«[88].

In diesem Sinne kann man Comtes Beziehung zu Clotilde de Vaux ebenfalls als einen Selbstversuch begreifen, den der Philosoph anstellte, um ein Theorieprogramm in der Praxis zu testen, das sich aus Pascals Werk speiste und der Liebe eine besondere soziale Funktion beimaß. 1843, also ein Jahr, nachdem der letzte Band des *Cours* erschienen war, und ein Jahr, bevor Comte Madame de Vaux kennen lernen sollte, fand ein Bekannter, der Philosophiehistoriker Victor Cousin, in der Pariser Nationalbibliothek ein Manuskript, in dem der Satz zu lesen war: »Wenn man viel von der Liebe spricht, wird man verliebt.«[89] Auf dem Titelblatt des Skripts stand: »Abhandlung über die Leidenschaften der Liebe. Man schreibt es Herrn Pascal zu.«[90]

Comte hat viel über die Liebe geredet, also verliebte er sich. Er verliebte sich in eine junge, lungenkranke Dame, die ein Jahr, nachdem er sich ihr erklärt hatte, starb. Die Geschichte dieser Liebe ist noch nicht geschrieben.[91] Sie wäre es wert gewesen, in Hofstadters Untersuchung aufgenommen zu werden, ist der Briefwechsel zwischen Comte und Madame de Vaux doch nicht weniger faszinierend als der zwischen Benjamin Constant und Madame de Staël oder Alfred de Musset und Georges Sand.[92] Jedenfalls sollten Soziologen, die über Comte schreiben, zurückhaltender sein mit ihren Äußerungen, bevor sie sich nicht wenigstens mit dem Diskurs der romantischen Liebe vertraut gemacht haben. Es zeugt nämlich weder von geistiger Zerrüttung noch von einem Rückfall in die Theologie, wenn Comte Madame de Vaux als Engel bezeichnet. Er bediente sich lediglich dem Code jenes »Engelskults«, der damals durchaus üblich war und der es ihm ermöglichte, diese Liebe seinen Zwecken entsprechend zu kultivieren: »Des Mitleids und Erbarmens fähig, zur Nächstenliebe geboren, mußte die Frau Botin des Höheren, Idealen sein [...]. Die Leidenschaft war nurmehr eine Art Energie; sie löste jenen elektrischen Schock aus, der der Liebe voraufging. Die Liebe war das Band zwischen zwei Menschen und zugleich der gemeinsame Schritt in eine Zauberwelt; sie bewirkte den Übergang von der natürlichen Ordnung zur poetischen Ordnung.«[93]

Comtes Liebe wird man wirklich nur poetisch entschlüsseln können. Er selbst hat dem Verständnis den Weg gewiesen, indem er sie mit der Liebe verglich, die Dante Alighieri für seine ebenfalls früh verstorbene Jugendliebe Beatrice empfunden hatte. Für Dante war Beatrice das Ideal der Frau schlechthin, weshalb er sie in der *Göttlichen Komödie* zu einem »Paradiesesengel« verklärte und zu seiner Führerin zu Gott erhob, eine Stilisierung, die, folgen wir Ernst Robert Curtius, durch Guido Guinizelli ein Topos der italienischen Lyrik geworden war: »Die so erhöhte Geliebte zur Führerin in einer poetischen Jenseitsvision zu wählen liegt noch im Bereich des christlichen Denkens und Glaubens. Aber Dante geht darüber weit hinaus. Er schaltet Beatrice in den objektiven Heilsprozeß ein. Ihre Funktion ist nicht nur für ihn selbst, sondern für alle Gläubigen gedacht. Er führt also in die Offenbarung aus eigener Machtvollkommenheit ein Element ein, welches das kirchliche Lehrsystem sprengt.«[94]

Comte musste es nicht erst sprengen. Stellvertretend für den männlichen Teil der Gesellschaft erhoffte er sich, wie er 1852 rückblickend im *Katechismus der Positiven Religion* festhielt, von diesem »Engel«, von dieser »neuen Beatrice«, dass sich seine »männliche Vernunft dem weiblichen Gefühl würdig unterordnet« (K: 20 f. u. 36), was offenbar ebenso erfolgreich war wie die vorangegangene Säkularisierung seines enzyklopädischen Geistes. Madame de Vaux verdanke er, dass er »für die Menschheit zu einem wahrhaft zwiefältigen Werkzeug« wurde, »wie Jeder, der sich weiblicher Einwirkung würdig unterworfen« habe: »Ohne sie wäre ich nie im Stande gewesen, der Laufbahn des Aristoteles jene des heiligen Paulus wirksam durch Begründung der allumfassenden Religion auf dem Boden gediegener, von mir aus der wahren Wissenschaft gewonnenen Philosophie folgen zu lassen« (K: 20) – wobei Paulus seines Erachtens größere Anerkennung gebührte als Jesus, denn ihm war die Gründung der urchristlichen Gemeinde zu verdanken.

So kultivierte er seine Liebe zu Madame de Vaux über den Tod hinaus, indem er den Minnedienst, den er ihr zu Lebzeiten erwiesen hatte[95], in Form von Meditationen fortsetzte. Minne ist hier nicht pejorativ gemeint. Die mittelalterliche Ritterlichkeit, die in seiner okzitanischen Heimat verbreitet gewesen war[96], war für Comte ein bleibendes Vorbild für den Umgang des Mannes mit der Frau: »Indem die positive Verehrung endlich das früher durch die theologischen Reibereien unterdrückte Gefühl der Ritterlichkeit entwickelt, erhebt sie das Geschlecht der Frauen zur moralischen Vorsehung unserer Gattung. In ihr ist uns im Allgemeinen jedes würdige Weib die beste Vertretung des wahren Großen Wesens.« (K: 32) Comte sprach sich sogar dafür aus, »die republikanischen Sitten auf dem Gefühl des Ritterlichen zu begründen« (S1: 208).[97]

Die Meditationen, mit denen Comte seiner verstorbenen Angebetenen gedachte, machte er nun auch zur Grundlage des positivistischen Kultus. In der Literatur zu seinem Werk wird dieser Sachverhalt gern angeführt, um das vorgeblich Pathologische seines Spätwerks zu dokumentieren. Nichts ist falscher. Comte bediente sich in seinen Meditationen einer jahrhundertealten, dem Christentum entstammenden Methode. Der Zweck einer Meditation besteht darin, durch Ausblenden des Weltinhalts einen Transzendenzpunkt zu erreichen, in dem sich die Seele zu Gott wenden kann. Comte glaubte nicht an Gott, sondern an die Humanität, als deren Verkörperung ihm Clotilde de Vaux erschien. An sie erinnerte er sich, auf sie konzentrierte er sich in seinen Meditationen. Wer in diesen comtesianischen Meditationen einen Rückfall in die Theologie sieht, dem sei gesagt, dass sich Descartes derselben meditativen Methode bediente, um die moderne Philosophie zu begründen; und noch im 20. Jahrhundert machte Edmund Husserl von ihr Gebrauch.[98] Vor diesem Hintergrund wird auch verständlich, warum Comte seit den Vierzigerjahren täglich in Thomas von Kempens (1379-1471) *Buch von der Nachfolge Christi* las. Es handelt sich hierbei um das Urbild einer sprachlich niedergelegten Meditation, deren Nachvollzug qua Lektüre eine eigene Meditation ermöglichen soll. Das Buch war Comte lediglich Mittel zum Zweck, Christi wollte er keineswegs nachfolgen.

Im positivistischen Kultus kommt der Meditation eine zentrale Funktion zu. Der Mann soll die Frau anbeten, wobei er sie sich mit größter Intensität vorzustellen hat, um diesem inneren Bild im Idealfall mit selbst verfassten Gedichten zu huldigen. Je nach spezifischer Rolle der Frau soll dies unterschiedliche Gefühle evozieren. In der Anbetung der Mutter, die die Vergangenheit symbolisiert, entsteht im Mann das Gefühl der Verehrung; in der Anbetung der Gattin, die die Gegenwart symbolisiert, wird in ihm das Gefühl der Liebe wach gehalten; in der

Anbetung der Tochter, die die Zukunft symbolisiert, wird das Gefühl der Güte in ihm erweckt. Im *Système* sowie im *Katechismus der Positiven Religion* hat Comte eine Reihe weiterer privater und öffentlicher Kulthandlungen wie auch die Organisation der positivistischen Kirche penibel festgelegt. Es würde zu weit führen, hierauf im Detail einzugehen.[99] Erwähnt sei nur, dass Comtes Konstruktion nicht im Mindesten so skurril ist, wie seit John Stuart Mill immer wieder behauptet wird.

Comte fühlte sich also befähigt, als Hohepriester seiner Religion der Humanität den Vorsitz der geistlichen Gewalt zu übernehmen. Die Zeit schien für ihn zu arbeiten. Die große Krise, die 1789 ihren sichtbarsten Ausdruck gefunden hatte, war auch nach der Restauration nicht überwunden, weder in der Julimonarchie (1830-1848) Louis Philippes (des Bürgerkönigs, von dem die an das Bürgertum gerichtete Losung »Enrichissez-vous!« stammt) noch in der Zweiten Republik (1848-1852), die von blutigen, sich an der sozialen Frage entzündenden Kämpfen zwischen Bürgertum und Arbeiterschaft geprägt war.

Tatsächlich war Sieyès' Diktum von 1789, dass der dritte Stand »alles« umfasse, »was zur Nation gehört«[100], auch in der Julimonarchie Ideologie geblieben. Das Bürgertum hatte es nicht nur verstanden, sich des Adels zu entledigen, es war ihm auch gelungen, den selbst erzeugten vierten Stand von der Gesellschaft auszuschließen. Comte wies schon 1842 im *Cours* darauf hin, dass »die proletarischen Massen seit der Abschaffung der persönlichen Leibeigenschaft dem sozialen System noch nicht wirklich einverleibt sind« (C6: 501). Im Unterschied zu Karl Marx, der das Verhältnis von drittem und viertem Stand als Klassengegensatz konzipierte, den es in der Praxis in einem Klassenkampf zugunsten des vierten Standes aufzuheben gelte[101], war Comte an einer friedlichen Lösung interessiert. Während Marx alles daran setzte, die bürgerliche Gesellschaft abzuschaffen, wollte Comte sie perfektionieren. Seinem Gesellschaftsbegriff gemäß wollte er das Proletariat dem sozialen Organismus einverleiben, es sollte ein weiteres Glied sein, das sich zu den anderen Gliedern im Sinne ergänzender Verbundenheit gesellte. Er plädierte denn auch dafür, dass die »industriellen Beziehungen [...] nach den moralischen Gesetzen der Weltharmonie systematisiert werden«; den »oberen Klassen« sollte die Pflicht auferlegt werden, »allen auf die angemessene Weise zuerst Erziehung und dann Arbeit zu verschaffen« (C6: 501).[102]

So sehr Comtes Engagement für das Proletariat auch seinem gesellschaftlichen Ideal entsprach, hatte er durchaus ein handfestes praktisches Interesse an dieser Großgruppe, die naturgemäß ebenfalls mit der marktförmigen bürgerlichen Gesellschaftsordnung unzufrieden war. So nimmt es nicht wunder, dass er eine Koalition mit dem Proletariat eingehen wollte. Die Proletarier sollten zusammen mit den Frauen und Gelehrten ein »Triumvirat« (K: 14) bilden, um den Aufbau der neuen Ordnung zu betreiben, wobei Comte die Gunst der Stunde nutzen wollte. Nicht, dass die oberen Klassen den Proletariern nun Erziehung und Arbeit gegeben hätten; die Arbeitslosenrate war so hoch wie nie zuvor. Doch gab die Niederlage der Proletarier im Juni 1848 nicht den »Kommunisten« (K: 29), sondern Comte Recht.

Mit dem Sieg Louis Napoleon Bonapartes (eines Neffen Kaiser Napoleons) bei den Präsidentschaftswahlen am 10. Dezember 1848 wurde das Ende der Zweiten Republik eingeläutet. Comte begrüßte diese Entwicklung, wie er auch den Staatsstreich des Präsidenten am 2. Dezember 1851 begrüßte, diese »glückliche Wendung, welche soeben die parlamentarische Regierung abgeschafft und die diktatorische Republik ins Leben gerufen« (K: 13 f.) habe. Er unterbrach die Arbeit an seinem *Système*, dessen erster Band 1851 erschienen war, um die Religion der Humanität einem größtmöglichen Publikum nahe zu bringen, wozu der im Juli 1852 vollendete *Katechismus der Positiven Religion* dienen sollte. Dieser Katechismus war im Gedenken an Madame de Vaux als Dialog zwischen einem Priester und einer Frau geschrieben und enthielt neben einer Neuauflage des positivistischen Kalenders den Grundriss einer positivistischen Bibliothek, deren einhundertfünfzig Bände die größten Werke in der Entwicklung der Menschheit umfassten und der Volksbildung dienen sollten. (K: 38-42)[103]

Wie vor ihm Robespierre und nach ihm Wladimir Iljitsch Uljanow, genannt Lenin[104], nahm Comte eine Diktatur für den Übergang in Kauf, um den Aufbau des neuen sozialen Systems voranbringen zu können. Paradox genug, hatte er den Willen, die Idee der Humanität mit inhumanen Mitteln durchzusetzen. Die »diktatorische Republik« Louis Napoleons schien ihm den Übergang zur »Okzidentalen Republik« offensichtlich besser zu ermöglichen als ein parlamentarisches System.

Wie auch immer, die Frage, ob man die »Okzidentale Republik«, die nach dem Vorbild des Mittelalters sowohl von einer weltlichen als auch von einer geistlichen Gewalt regiert werden sollte, überhaupt noch als Republik bezeichnen könne, beantwortete Comte, indem er Montesquieus Typologie der Regierungsformen um einen Typus ergänzte. Hatte es für Montesquieu in Sachen Republik nur zwei Formen gegeben, nämlich Demokratie und Aristokratie, so kreierte er eine dritte Regierungsform, die er als Soziokratie bezeichnete: »Es ist [...] unsere Absicht, den Westen sowohl von einer anarchischen Demokratie, als von einer rückschrittlichen Aristokratie zu befreien, um, soweit dies möglich, eine wahre Soziokratie zu begründen, die mit weisem Vorbedacht alle menschlichen Kräfte an der allgemeinen Wiedergeburt, jede einzelne ihrem Wesen entsprechend, mitwirken läßt.« (K: 3f.; S1: 403)

Für Montesquieu war die Demokratie die Regierungsform, in der das Volk als Ganzes die höchste Gewalt innehat; in der Aristokratie hingegen hat ein Teil des Volkes, zumeist der Adel, die höchste Gewalt inne.[105] Comte identifizierte die Aristokratie mit der Restauration, und obwohl er manchmal die Gelehrten als Aristokratie des Geistes bezeichnete, erschien ihm diese Regierungsform nicht zukunftsfähig. Andererseits identifizierte er die Demokratie mit Anarchie. In seinen Augen wiederholte sich in der Zweiten Republik, was sich in der Ersten während des Direktoriums ereignet hatte. In dieser Phase der Revolution hätten sich die verheerenden Folgen des Dogmas der Volkssouveränität ebenso gezeigt wie die Unzulänglichkeit des Prinzips der Tugend, das Montesquieu zufolge die »Triebkraft« der Demokratie sein soll. Dieses Prinzip war nicht stark genug, um den Egoismus jener unkultiviertesten Klassen, die an die Macht gekommen waren, einzudämmen; mit Montesquieu gesprochen: »Wenn die Tugend verlorengeht, so zieht der Ehrgeiz in die dafür empfänglichen Herzen und Habgier in alle Gemüter ein. [...] Die Republik wird zur Beute, und ihre Stärke besteht nur noch in der Macht einiger Bürger und in der Zügellosigkeit aller.«[106]

Von der Demokratie, der Herrschaft des Volkes, sollte sich die Soziokratie, die Herrschaft der Gesellschaft, deutlich unterscheiden, wobei Comte den Gesellschaftsbegriff nicht auf die sich inklusiv gerierende, aber exklusiv agierende bürgerliche Gesellschaft beschränken, sondern alle Menschen Europas (und potenziell die gesamte Menschheit) einbeziehen wollte. Er plädierte dafür, das Dogma der Volkssouveränität aufzukündigen und das schwächliche Prinzip der Tugend durch das der Liebe zu ersetzen.[107] Zu beidem sollte ihm die Trennung von weltlicher und geistlicher Gewalt verhelfen. Indem er den Prozess der Souveränitätsbildung annullierte, wollte er das Korsett der europäischen Territorialstaaten sprengen und an die mittelalterliche

Einheit von »regnum« und »sacerdotium« anknüpfen, die nie eine »zentralistische Machtanhäufung« gewesen sei: »Sie beruhte von Anfang an auf der Unterscheidung von *potestas* und *auctoritas* als zwei verschiedenen Ordnungsreihen derselben umfassenden Einheit. Die Gegensätze von Kaiser und Papst sind daher keine absoluten Gegensätze, sondern nur ›diversi ordines‹, in denen die Ordnung der Respublica Christiana lebt.«[108]

In der »Okzidentalen Republik« sollte es eine zentralistische Machtanhäufung ebenso wenig geben. Auch sie würde auf zwei verschiedenen Ordnungsreihen beruhen, die unterschiedliche Sachbereiche zu betreuen hätten. Die Soziokratie heißt also nicht deswegen Soziokratie, weil die Gesellschaft souverän wäre, sondern weil ein genuin soziales Prinzip ihre Ordnung schaffen und auf Dauer stellen würde. Der Wiedereinführung einer geistlichen Gewalt kam genau diese Bedeutung zu. Mit ihr sollte eine Institution geschaffen werden, die über die Geltung des soziale Solidarität genannten Gefühls der Liebe wachen konnte, damit diese Triebkraft der Soziokratie nicht ebenso verloren ginge wie die Tugend der Demokratie. Und da die geistliche Gewalt die kultivierteste Klasse darstellen würde, wäre ochlokratischen Tendenzen der weltlichen Gewalt ebenfalls vorgebeugt. Als Nachfolgerin des Katholizismus, in dem ohne Rücksicht auf Stand und Herkunft »der letzte Abruzzenhirt«[109] Papst werden konnte, wäre die geistliche Gewalt schließlich nicht minder »demokratisch«, sodass ein dem Kleinbürgertum entstammender Mann aus Montpellier die Chance wahrnehmen konnte, ihr Hohepriester zu werden.

Comte ging die Diktatur des Präsidenten zu weit: »Vor allem läßt sie sich nicht genügend mit einer vollkommenen Freiheit der Aeußerung und selbst des Austausches von Meinungen vereinigen, welche für eine geistige Neugestaltung geradezu unentbehrlich ist und zudem allein gegen jedwede rückschrittliche Tyrannei Sicherheit zu schaffen vermag.« (K: 14) Gleichwohl hoffte er, sie durch positivistischen Einfluss entschärfen zu können. Das Gegenteil trat ein. Am 7. November 1852 ließ sich Louis Napoleon zum Kaiser Napoleon III. wählen und mit diktatorischer Gewalt ausstatten. Comte verurteilte diesen Schritt, der ihn aber nicht davon abhielt, sein Ziel weiter zu verfolgen. Frankreich hatte einen Kaiser – nun denn, auch seine Gewalt konnte durch die eines neuen Papstes relativiert werden.

In einem 1855 verfassten Appell an die »okzidentalen Staatsmänner« (A: VII) strotzte Comte vor Selbstbewusstsein und Zuversicht: »In Anbetracht der Fähigkeit des Positivismus, die intellektuelle und moralische Reorganisation zu dirigieren, wird die regenerierte Diktatur in Bälde die Absichten auf eine geistige Suprematie aufgeben [...]. Um seine soziale Wirksamkeit bekannt zu machen und zu entwickeln, verlangt der positive Glaube eine unabhängige Priesterschaft, die allein fähig ist, in würdiger Weise die Universalreligion bei Regierern und Regierten durchdringen zu lassen, ihnen gelegentlichst entscheidende Ratschläge gebend. Diese geistige Gewalt kommt jetzt nur dem Begründer der neuen Synthese zu.« (A: XVIII f.)

Allen Anstrengungen zum Trotz stieß Comte sowohl bei den okzidentalen Staatsmännern als auch bei Napoleon III. auf taube Ohren. Das zweite Kaiserreich sollte bis 1870 bestehen, ohne dass es auch nur ansatzweise zu jener Reorganisation der Gesellschaft gekommen wäre, der Comte Leben und Werk gewidmet hatte.

Comte hatte seit den Vierzigerjahren des 19. Jahrhunderts zwar eine kleine Schar treuer Anhänger, nachdem er im *Cours* angekündigt hatte, demnächst ein »okzidentales positives Komitee« zu gründen, das als permanentes »Konzil der positiven Kirche« wirken solle. (C6: 535 f.) 1848 hat er dann die Société positiviste gegründet, die ihn, da ihm eine akademische Karriere misslungen war, auch finanziell unterstützte. Doch war er nicht Charismatiker genug, um eine Jüngerschaft aus Gelehrten, Frauen und Proletariern zu rekrutieren, die er zu einer politisch ernst zu nehmenden sozialen Bewegung hätte zusammenschweißen können. Um in seiner Sprache zu sprechen: Er war zwar Aristoteles, aber weder Jesus noch Paulus. So ausgeklügelt seine organische Doktrin auch war, mit seinem Fähnlein konnte er auf Napoleon III. keinen Eindruck machen. Er starb am 5. September 1857.

5. Zur Rezeption in Wissenschaft und Politik

Heute ist es still geworden um Auguste Comte. Vertreter der Wissenschaft, deren Namen er geprägt hat, behandeln ihn wie einen »toten Hund«[110]. Auch von seinem politischen Programm ist kaum mehr die Rede. Comte war aber nicht ohne Einfluss. Er ist lebendiger, als man meint, in der Wissenschaft und in der Politik.

Was die Wissenschaft betrifft, kann man sogar sagen, dass auf Comtes organizistischem Gesellschaftsbegriff und seinem Entwicklungskonzept eine Denktradition fußt, welche die Soziologie immer noch beherrscht. Nachdem John Stuart Mill der comteschen Soziologie ihre politischen Implikationen ausgetrieben hatte, konnte sie Herbert Spencer im Rekurs auf die Naturphilosophie des deutschen Idealismus und die davon inspirierte Biologie fortentwickeln; seine *Principles of Sociology* haben Emile Durkheim, Talcott Parsons und Niklas Luhmann beeinflusst, deren funktionalistische Denkweise in der heutigen Soziologie allgegenwärtig ist.[111]

Allein diese Soziologie ist »Gesellschaftsgeschichte«[112]. Den Verfechtern dieser Tradition geht es nicht darum, die soziale Wirklichkeit in ihrer Vielfalt und in ihrem So-und-nicht-anders-Gewordensein zu erfassen. Sie wollen gar nicht erst herausfinden, was es alles gibt und wie es eigentlich gewesen ist. Vielmehr passen sie die Phänomene dem Modell einer sich in der Geschichte entwickelnden Gesellschaft an, das die Aufklärungsphilosophen und politischen Ökonomen des 18. und 19. Jahrhunderts ihren weltanschaulichen Prämissen entsprechend entworfen haben: Sie haben die bürgerliche Gesellschaft, jenes System der Bedürfnisse, das sich politisch durch die Garantie der Freiheit des Individuums und ökonomisch durch das Strukturprinzip der Arbeitsteilung auszeichnete, zur Gesellschaft schlechthin stilisiert, die an der Spitze des Fortschritts stehe und das Entwicklungsniveau vorgebe, das alle gesellschaftlichen Ordnungen auf dem Erdball erreichen sollten. So universalistisch wie die Menschenrechte wurde die bürgerliche Gesellschaft gedacht, die sich tatsächlich anschickte, den Kolonialismus fortzuführen und die Welt nach ihrem Bild zu formen. Die bürgerliche Gesellschaft sollte potenziell Weltgesellschaft sein, ihr konnte nur die Menschheit korrespondieren, die damit zu einem Grundbegriff dieser Soziologie wurde.

Was Comte betrifft, war es die im Dreistadiengesetz gipfelnde Fortschrittstheorie, die seinen Umgang mit der sozialen Wirklichkeit prägte. So war denn auch Montesquieu, der sich ebenfalls mit der sozialen Wirklichkeit beschäftigt hatte, ohne sich jedoch mit dem Fortschrittsdenken der Aufklärung anzufreunden, bevorzugtes Objekt seiner Polemik. Montesquieu hatte in seinem 1748 publizierten Werk *Vom Geist der Gesetze* kontextualistisch argumentiert und dafür plädiert, »nicht Dinge für ähnlich zu halten, die in Wirklichkeit verschieden sind, und nicht die Unterschiede unter den ähnlich erscheinenden zu verfehlen«[113]. Seine Beobachtung der sozialen Wirklichkeit ließ ihn erkennen, dass gesellschaftliche Ordnungen durch »verschiedene Dinge« wie »Klima, Religion, Gesetze, Regierungsgrundsätze, Vorbilder der Vergangenheit, Sitten und Gebräuche«[114] gebildet werden; und so war ihm bewusst, dass es sich dabei um höchst unterschiedliche Größen handelt, die sich miteinander in unterschiedlicher Gewichtung vernetzen. Deswegen müsse jede gesellschaftliche Ordnung aus ihrem jeweiligen Kontext heraus in ihrer Unterschiedlichkeit erfasst werden.

Diesem Kontextualismus widersprach Comte, wobei er sich auf Turgot berufen konnte, der im Namen des Fortschrittsdenkens der Aufklärung die Klimatheorie Montesquieus verworfen und behauptet hatte, dass die Unterschiede der im räumlichen Nebeneinander beobachtbaren gesellschaftlichen Ordnungen lediglich zeitliche Stufen ein und derselben, prinzipiell überall angelegten Entwicklung darstellen.[115] Für Comte blieb der »Entwicklungsgang« ebenfalls »in allen Klimaten derselbe bis auf die Geschwindigkeit« (P: 117), weswegen »bei dem gegenwärtigen Zustande des Menschengeschlechtes in seiner Gesamtheit alle Kulturgrade nebeneinander an den verschiedenen Punkten des Erdkörpers bestehen, von dem der Wilden in Neuseeland ab zu dem der Franzosen und Engländer« (P: 146 f.). Im *Cours* ging er folgerichtig vom »Prinzipe der notwendigen und konstanten Identität der Grundentwicklung der Menschheit« (C4: 324) aus.

Comte konzipierte unterschiedliche gesellschaftliche Ordnungen wie Exemplare einer Gattung. Sie alle sollen zwar selbstständige Entitäten darstellen, sich aber auch alle einem allgemeinen Gesetz entsprechend entwickeln, ebenso wie sich sämtliche Exemplare der Gattung Hund gleichermaßen vom winselnden Welpen zum kläffenden Köter entwickeln. Nur so konnte behauptet werden, dass Fortschritt allerorten möglich und es lediglich eine Frage der Zeit sei, bis auch die besagten Wilden in Neuseeland das Entwicklungsstadium der bürgerlichen Gesellschaft der Franzosen und Engländer erreicht haben würden. Die beobachtbare Vielfalt gesellschaftlicher Ordnungen war für Comte Ausdruck einer Gleichzeitigkeit des Ungleichzeitigen. In der Entwicklung der Menschheit sollten die neuseeländischen Wilden das Stadium der Kindheit, die Franzosen und Engländer das der Reife repräsentieren, wobei das Studium der Geschichte Auskunft über die dazwischenliegende Entwicklung geben und die gegenwärtigen Unterschiede erklären würde:

»Nichts ist mehr geeignet als ein solches Verfahren, um die verschiedenen wesentlichen Phasen der menschlichen Evolution deutlich zu kennzeichnen, die sich nunmehr gleichzeitig erforschen lassen, so daß ihre überwiegenden Merkmale unmittelbarer und deutlicher hervortreten. Obwohl der wesentliche Fortschritt der Menschheit, was die Gesamtentwicklung anlangt, notwendig ein einiger ist, so ist es dennoch unbestreitbar, daß infolge eines bis jetzt in den meisten Fällen sehr mangelhaft untersuchten Zusammenwirkens sozialer Ursachen sehr beträchtliche und namentlich sehr verschiedenartige Bevölkerungsteile nur ungleich niedrigere Stufen dieser allgemeinen Entwicklung erreicht haben, so daß sich infolge dieser Ungleichheit die verschiedenen früheren Zustände der zivilisiertesten Nationen heute wieder, trotz unvermeidlicher sekundärer Unterschiede, bei den auf verschiedene Gebiete der Erde verteilten Völkern der Gegenwart vorfinden.« (C4: 322)[116]

Wer die der Soziologie gewidmeten Bände des *Cours* zur Hand nimmt, sollte sich im Klaren darüber sein, dass er darin eine höchst eigenartige, dem Fortschrittsdenken der Aufklärung geschuldete »Beobachtung« der sozialen Wirklichkeit der vergangenen Jahrtausende vorfindet, und es muss nicht betont werden, dass Comte nur solche Aspekte der sozialen Wirklichkeit berücksichtigte, die der Grundentwicklung zugeordnet werden konnten, zumal er vorab schon ein »Fundamental-Prinzip« aufgestellt hatte, das gar keine Chance ließ, die Phänomene um ihrer selbst willen zu beobachten. Die »positive Methode« der gesellschaftlichen Physik bestehe darin, dass »der Geist schlechterdings vom Allgemeinen zum Besonderen vorschreiten muß. Dies will sagen: er muß damit anfangen, die Total-Entwickelung des menschlichen Geschlechts in ihrem Ganzen aufzufassen, ohne, gleich Anfangs, noch mehr als eine kleine Zahl auf einander folgender Zustände zu unterscheiden; und dann, mit Vermehrung der Zwischenzustände, allmählig zu einer stets wachsenden Präcision herabsteigen, deren natürliche Gränze sich darin zeigen würde, daß, bei der Coordination der Endpunkte dieser langen Reihe, nur Eine Generation den Zwischenraum bildete.« (W: 250)

Ein solcher Blick wird nur das erkennen, was sich der Totalentwicklung zwanglos fügt oder dieser vermittels des Konzepts der Heterogonie der Zwecke einverleibt werden kann, wobei es letztlich der Endzweck ist, das Telos der Entwicklung, das Comtes Umgang mit den Phänomenen steuert: »[...] wie er selbst einen Zielpunkt hat, die künftige *eine* Gesellschaft der ganzen Menschheit, so erscheinen ihm auch alle Durchgangspunkte der Vergangenheit wie der Gegenwart als Zielpunkte. Die Geschichte bleibt ihm nicht mehr eine Reihe eingetretener Ereignisse, sondern wird eine Reihe erreichter Zwecke.«[117] Die als Gesellschaftsgeschichte auftretende Soziologie Comtes ist im Kern also Geschichtsphilosophie.

Karl Löwith hat Geschichtsphilosophie definiert als »die systematische Ausdeutung der Weltgeschichte am Leitfaden eines Prinzips, durch welches historische Geschehnisse und Folgen in Zusammenhang gebracht und auf einen letzten Sinn bezogen werden«[118]. Für Comte war der letzte Sinn das neue soziale System, das heißt: die bürgerliche Gesellschaft, die sich zunächst im Rahmen der »Okzidentalen Republik« eine soziokratische Verfassung gegeben hat, um danach zu einer die gesamte Menschheit umfassenden Weltgesellschaft zu werden. Ziel der Weltgeschichte sollte dieses System sein, das an Dauerhaftigkeit und Vollkommenheit nicht nur das alte übertrumpfen, sondern überhaupt das »régime final« sein sollte. Dabei war das Dreistadiengesetz das Prinzip, das den Zusammenhang der historischen Geschehnisse und Folgen im Sinne eines kontinuierlichen Fortschritts hin zu diesem Ziel stiften sollte. Comtes Soziologie ist insofern Geschichtsphilosophie, als sie Fortschrittstheorie ist.

Tatsächlich stellte Comte jene Fortschrittstheorie bereit, an der die Aufklärungsphilosophen gescheitert waren, indem er die Theorien von Pascal, Turgot und Condorcet, die für sich genommen alle ungenügend waren, kombinierte. So hatte Pascal mit der Lebenslauf-Metapher zwar den Gedanken eines Fortschreitens der Menschheit formuliert; der Fortschritt verlor sich aber in der Unendlichkeit. Der »einzige Mensch« sollte immer fortleben und ununterbrochen lernen, ein Ziel hatte er dabei nicht vor Augen. Turgot hatte diese Theorie auf die soziale Wirklichkeit übertragen. Seine Kritik an Montesquieus Kontextualismus und sein Gebrauch des Begriffs der Arbeitsteilung waren ebenso richtungsweisend wie seine Umsetzung des Konzepts der Heterogonie der Zwecke, mit dem er das Mittelalter in eine aufsteigende Fortschrittslinie einordnen konnte. Ein Ziel des Fortschritts, ein Telos der Vervollkommnung der Menschheit, hatte aber auch er nicht formuliert. Condorcet war nun freilich insofern hinter Turgot zurückgefallen, als ihm politische Gründe die theoretisch gebotene Berücksichtigung des Mittelalters verunmöglichten. Er hatte jedoch ein Ziel formuliert, auf das sich der Fortschritt hin bewegen sollte und für dessen Realisierung er selbst als Politiker sorgen wollte.

Für Comte war Condorcets Zielvorstellung bloße Spekulation, weil sie aus keiner kontinuierlich aufsteigenden Bewegung des Fortschritts abgeleitet war. Andererseits dürfte ihm bewusst geworden sein, dass Turgots Konzept der Heterogonie der Zwecke seine eigentliche Bedeutung erst gewinnt, »wenn man es mit dem Glauben an ein von vornherein feststehendes Ziel der Geschichtsbewegung verbindet: nunmehr besagt es, daß sich die objektive, d.h. zum genannten Ziel führende Richtung des Geschehens durch keinen subjektiven Irrtum beeinflussen läßt, daß also die Realisierung des Ziels absolut sicher und notwendig ist«[119]. Comte wollte beide, Turgot und Condorcet, überbieten, indem er mit seinem Dreistadiengesetz eine kontinuierliche Entwicklung beschrieb, aus der ihr notwendiges Endziel extrapoliert werden konnte.

Allen Beteuerungen zum Trotz ist das Dreistadiengesetz nicht das Ergebnis intensiver Geschichtsbetrachtung; es entspringt vielmehr der Absicht, den Gegensatz zwischen Revolution und Restauration aufzuheben, um die große Krise beenden zu können, die 1789 ihren sichtbarsten Ausdruck gefunden hatte. Dieser gesellschaftspolitischen Prämisse wegen musste Comtes Fortschrittstheorie die Struktur einer dialektischen Entwicklungslogik annehmen. Mit ihrer Hilfe sollte dargetan werden, dass sich mittelalterliche Ordnung und neuzeitlicher Fortschritt in einer Weise vermitteln lassen, die mit zwingender Notwendigkeit zunächst eine »Okzidentale Republik« und danach eine die ganze Menschheit umfassende Weltgesellschaft hervorbringt. Die Soziologie, die Comte selbst als »Geschichtsphilosophie« bezeichnete (C6: 127), war ein bloßes Mittel zu diesem Endzweck. Sie hatte lediglich die Daten zu liefern, damit die aus der Fortschrittstheorie abgeleiteten politischen Maßnahmen nicht als Spekulation, sondern als Ergebnis strenger wissenschaftlicher Beobachtung erschienen.

Kaum anders verhält es sich mit den Theorien von Spencer, Durkheim, Parsons und Luhmann. Von einem Dreistadiengesetz ist darin zwar keine Rede mehr und der Fortschrittsglaube ist mehr und mehr einem seichten Evolutionismus gewichen. Gleichwohl ist das Entwicklungsdenken des 19. Jahrhunderts mitsamt seiner Zielvorstellung nicht verloren gegangen. Es wird in einem modernistischen Begriffsgewand kolportiert und soll nach wie vor die Zwangsläufigkeit der Entstehung eines die ganze Menschheit umfassenden welteinheitlichen Gesellschaftssystems begründen, dessen Maß die bürgerliche Gesellschaft des Westens ist.

Diese Art Soziologie operiert immer noch mit jenen »Evolutionismen, in die sich das Selbstverständnis und Selbstbewußtsein des europäischen Denkens im 19. Jahrhundert faßte, wenn es auf den Rest der Welt blickte«; Joachim Matthes weist auf ein aus diesem Jahrhundert überkommenes kulturelles Interpretament hin, das sich tief in unsere Vorstellungswelt eingelassen hat:

»Diesem *kulturellen Interpretament* zufolge wächst in der europäischen Moderne die partikulare Geschichte des Okzidents über sich selbst hinaus und wird zum Zentrum der Weltgeschichte, in die alle anderen partikularen Geschichten hineingezogen werden. Der Typus der westlich-europäischen Gesellschaft erstarrt in diesem Interpretament gleichsam zu einem abstrakten Modell von ›moderner‹ Gesellschaft, die an der Spitze einer Entwicklungslinie steht. Von ihr aus wird ein umfassender, zuordnender-›vergleichender‹ Rückblick auf andere konkrete Gesellschaften wie auf Teilgebilde in ihnen möglich.«[120]

Auch wenn es die meisten heutigen Soziologen leugnen – in ihren Analysen, »die soziale Phänomene an verschiedenen Orten (oder zu verschiedenen Zeiten) vergleichend in den Blick nehmen, läßt sich, offen oder verdeckt, eine Meßlatte ausmachen, auf der Entwicklungsstadien von sozialen Phänomenen ›globaler‹ Art (›Gesamtgesellschaften‹ etwa) oder ›spezifischer‹ Art (einzelne soziale ›Gebilde‹) eingetragen sind«[121]. Natürlich spricht man heute nicht mehr so unbefangen von Wilden und Zivilisierten wie zur Zeit Comtes oder von einfachen und höheren Gesellschaften wie zur Zeit Spencers und Durkheims, dies zumal seit dem Niedergang des Kolonialismus die Rede vom Primitiven politisch nicht mehr opportun war und man dank der 1949 vom US-Präsidenten Harry S. Truman initiierten Entwicklungshilfepolitik auch wesentlich weniger verfänglich vom Unterentwickelten sprechen konnte. Friedrich H. Tenbruck hat herausgearbeitet, dass »der Evolutionismus des 19. Jahrhunderts«

der Entwicklungshilfepolitik Pate gestanden hat; die Entwicklungsländer sind nicht Entwicklungsländer wegen irgendwelcher besonderer Zustände, sondern wurden es erst durch das Programm ihrer Abschaffung; diesem Programm lag die Vision einer »einheitlichen Entwicklung der Menschheit« zugrunde, wobei »ein allseitiges kulturelles Einverständnis über die globale Aufgabe einer gleichen und gemeinsamen Entwicklung« stillschweigend vorausgesetzt wurde.[122]

Es ist alles andere als Zufall, dass Parsons, nachdem er in seinem Frühwerk Spencer noch für tot erklärt hatte, in den Fünfzigerjahren auf dessen Evolutionismus zugriff. Durch seinen politischen Opportunismus wurde Parsons zum einflussreichsten Mann in der Soziologie, bei dem auch Luhmann in die Schule ging[123], der dann angesichts der Wirtschaftsglobalisierung in den Achtziger- und Neunzigerjahren im Einklang mit dem neoliberalen Zeitgeist in dunkel-esoterischen, weltformelhaften Begriffen den Segen eines durchfunktionalisierten welteinheitlichen Gesellschaftssystems nach westlichem Maß verkündete, zu dem es historisch angeblich keine Alternative gibt. Parsons und Luhmann ist es geschuldet, dass der Evolutionismus des 19. Jahrhunderts auch heute noch in der Soziologie virulent ist.[124]

Diese Theorien halten den Geist des *Cours* am Leben, auch wenn der Name des Verfassers nicht mehr genannt wird. Wer Comte als toten Hund begräbt, wer seine Texte nicht mehr liest, begibt sich also der Chance, nachprüfen zu können, was in den heutigen Theorien wirklich neu und was nur ein Versuch ist, unsere Zeit in Gedanken zu fassen, die der Geschichtsphilosophie des 19. Jahrhunderts entstammen.

Nun hat Löwith nachgewiesen, dass die Geschichtsphilosophie »dem biblischen Glauben an eine Erfüllung entspringt und daß sie mit der Säkularisierung ihres eschatologischen Vorbildes endet«[125]. Im Rahmen seiner Beweisführung hat er auch Comtes

Positivismus untersucht. Seine Interpretation läuft darauf hinaus, in dessen Fortschrittstheorie eine Säkularisierung der Heilsgeschichte zu sehen, die Joachim von Fiore, ein kalabresischer Mönch, an der Wende vom 12. zum 13. Jahrhundert verfasst hatte und die Comte durch Gotthold Ephraim Lessings Abhandlung *Die Erziehung des Menschengeschlechts* von 1780 kennen gelernt haben soll.[126]

Löwiths Interpretation ist in werkgeschichtlicher Hinsicht etwas korrekturbedürftig. So ist folgende These nicht haltbar: »Comtes Gedanke einer dreistufigen Entwicklung entstand wahrscheinlich unter dem Einfluß von Lessings Abhandlung, die von einem Saint-Simonisten übersetzt wurde, als Comte noch ein Mitglied dieser Gruppe war.«[127] Richtig ist, dass bei Lessing von einer dreistufigen Entwicklung die Rede ist:

»Sie wird gewiß kommen, die Zeit eines *neuen, ewigen Evangeliums*, die uns selbst in den Elementarbüchern des Neuen Bundes versprochen wird. Vielleicht, daß selbst gewisse Schwärmer des dreizehnten und vierzehnten Jahrhunderts einen Strahl dieses neuen, ewigen Evangeliums aufgefangen hatten und nur darin irrten, daß sie den Ausbruch desselben so nahe verkündeten. Vielleicht war ihr *dreifaches Alter der Welt* keine so leere Grille; und gewiß hatten sie keine schlimme Absichten, wenn sie lehrten, daß der Neue Bund eben so wohl *antiquieret* werden müsse, als es der Alte geworden. Es blieb auch bei ihnen immer die nämliche Oekonomie des nämliches Gottes. Immer – sie meine Sprache sprechen zu lassen – der nämliche Plan der allgemeinen Erziehung des Menschengeschlechts. Nur daß sie ihn übereilten, nur daß sie ihre Zeitgenossen, die noch kaum der Kindheit entwachsen waren, ohne Aufklärung, ohne Vorbereitung, mit eins zu Männern machen zu können glaubten, die ihres *dritten Zeitalters* würdig wären!«[128]

Richtig ist auch, dass der Saint-Simonist Eugène Rodrigues Lessings Text übersetzte. Aber das war 1829, als sich Comte von dieser Gruppe distanziert hatte. Das Dreistadiengesetz geht sicher nicht auf Lessings »triple âge du monde«[129] zurück, seine dreistufige Logik entspringt der Zeit, in die sich Comte gestellt sah, als er 1824 mit dem *Opuscule* seine publizistische Karriere begann. Doch zweifellos wird er die Übersetzung rezipiert haben, was es ihm später, als er an der Religion der Humanität arbeitete, ermöglichte, seiner Entwicklungslogik eine Symbolik zuzuschreiben, die eine unverhohlen häretische Qualität hatte:

»It is one of the curiosities of history that when the searchers for a new religion rejected the religious establishments of their day, some of them should have turned back to the heretics and dissidents of the medieval Church for inspiration. The extraordinary revival of interest in the Abbot Joachim in the mid-nineteenth century sprang thus from a particular cause and served a particular purpose. In the heresy of the Eternal Evangel some of these visionary seekers found exactly the symbol they wanted. Lessing guided them to it. [...] The notable point is that Lessing transforms an example of condemned heresy into a symbol of future hope. This is a bold leap of the imagination. Lessing is, in fact, re-creating a symbol which had once inspired a great hope for the future. His medieval enthusiasts become the prototypes for a new brand of visionaries in a very different context.«[130]

Worin bestand diese häretische Symbolik? Joachim von Fiore brach mit der christlichen Heilsgeschichte, die Augustinus in seinem *Gottesstaat* festgeschrieben hatte.[131] Augustinus hatte den Geschichtsverlauf in eine Profan- und eine Heilsgeschichte gespalten. Den Niedergang des Römischen Reiches vor Augen, war ihm die Profangeschichte eine Verfallsgeschichte; die Heilsgeschichte sollte demgegenüber die Erfüllung jenseits der geschichtlichen Zeit, am Ende der Welt, bringen. Joachim verschränkte die Profan- mit der Heilsgeschichte, indem er die Erfüllung der Heilsgeschichte in die Profangeschichte verlegte: »Diese Vollendung vollzieht sich nicht jenseits der geschichtlichen Zeit, am

Ende der Welt, sondern in einer letzten geschichtlichen Epoche.«[132]

Joachim säkularisierte die christliche Heilsgeschichte also dadurch, dass er das »eschaton« immanentisierte, nämlich von der Transzendenz des Jenseits in die Immanenz des Diesseits holte. Der verheißene himmlische Zustand sollte nicht erst im Himmel, sondern schon auf Erden erreicht werden können. Dass er den theologischen Rahmen beibehielt, versteht sich dabei von selbst. Seine Rede von den drei Zeitaltern ist eine bewusste Anwendung der christlichen Trinitätslehre auf die Geschichte. Das erste Zeitalter war das des Vaters bzw. des Alten Testaments, das zweite das des Sohnes bzw. des Neuen Testaments, das dritte sollte schließlich das des Heiligen Geistes sein, in dem sich der Sinn der Geschichte erfüllte.

Die Säkularisierung dieser immanenten Heilsgeschichte blieb den Aufklärern des 18. und 19. Jahrhunderts vorbehalten, die sich im Namen des Fortschritts der Verwirklichung eines irdischen Paradieses verschrieben hatten, wobei Comte das Dreierschema am leichtesten übernehmen und als dialektische Entwicklungslogik begreifen konnte. Löwiths Ausführungen fortführend, hat Eric Voegelin diesen zweiphasigen Prozess der Säkularisierung der christlichen Heilsgeschichte auf den Punkt gebracht:

»In die traditionelle Spekulation war die jüdisch-christliche Idee von einem Ende der Geschichte im Sinne eines Zustandes der Vollkommenheit eingedrungen. Die Geschichte bewegte sich nicht mehr in Zyklen wie bei Platon und Aristoteles, sondern hatte Richtung und Ziel gewonnen. Über den jüdischen Messianismus im strengen Sinne hinaus drang dann die spezifisch christliche Geschichtsauffassung zum Begreifen des Endes als einer transzendenten Erfüllung vor. Bei seiner Ausarbeitung dieser theoretischen Einsicht unterschied Augustinus zwischen einer Profan-Geschichte, in der die Reiche entstehen und vergehen, und einer Heilsgeschichte, die in der Erscheinung Christi und der Gründung der Kirche ihren Höhepunkt hat. Die Heilsgeschichte baute er ferner in die transzendentale Geschichte der *Civitas Dei* ein, welche die Geschehnisse in der Sphäre der Engel sowie den transzendenten ewigen Sabbath miteinschließt. Nur diese transzendente Geschichte, einschließlich der irdischen Pilgerschaft der Kirche, ist auf ihre eschatologische Erfüllung hin ausgerichtet. Die Profangeschichte hingegen hat keine solche Ausrichtung. Sie ist ein Warten auf das Ende. Ihre gegenwärtige Seinsform ist die eines *saeculum senescens*, eines vergreisenden Zeitalters. Zur Zeit Joachims erlebte die westliche Kultur eine starke Aufwärtsbewegung. Und ein Zeitalter, das seine Muskeln zu spüren begann, war nicht geneigt, den augustinischen Defaitismus, was die weltliche Sphäre der Existenz anbelangt, ohne weiteres hinzunehmen. Die joachitische Spekulation war ein Versuch, dem immanenten Lauf der Geschichte einen Sinn zu verleihen, den sie in der augustinischen Konzeption nicht hatte. Zu diesem Zweck verwandte Joachim, was zur Hand war, und das war der Sinn der transzendenten Geschichte. In diesem ersten westlichen Versuch einer Immanentisierung des Sinnes der Geschichte ging der Zusammenhang mit dem Christentum nicht verloren. Das neue Zeitalter des Joachim brachte eine Steigerung der Erfüllung innerhalb der Geschichte, aber diese Steigerung wurde nicht durch einen weltimmanenten Ausbruch hervorgerufen, sondern durch einen transzendentalen Einbruch des Geistes. Der Gedanke einer radikal immanenten Erfüllung wuchs nur sehr allmählich in einem langwierigen Prozeß, den man kurz unter den Titel ›vom Humanismus zur Aufklärung‹ bringen kann. Erst im achtzehnten Jahrhundert war mit dem Fortschrittsglauben die Steigerung des Sinngehaltes in der Geschichte zu einem völlig innerweltlichen Phänomen ohne transzendentale Einbrüche geworden.«[133]

Löwiths Säkularisierungsthese antizipierend, hatte Comte im vierten Band des *Cours* selbst auf den christlichen Ursprung des Fortschrittsbegriffs der Aufklärung hingewiesen. Dabei könnte seine Behauptung, dass sich ein Fortschritt gerade vom Alten zum Neuen Testament vollzogen haben soll, unter dem Eindruck des joachitischen Dreierschemas formuliert worden sein. So hat er betont, dass »man den ersten allgemeinen Ansatz zum

Begriffe oder vielmehr zum Gefühl vom Fortschritt der Menschheit notwendig dem Christentum zu verdanken gehabt, das, indem es förmlich die entscheidende Überlegenheit des Gesetzes Jesu über dasjenige des Moses verkündigte, die bis dahin unbekannte Idee eines vollkommeneren, endgültig an die Stelle eines bis zu einem bestimmten Zeitpunkte unerläßlichen, weniger vollkommenen tretenden Zustandes spontan formuliert hatte« (C4: 169).

Im *Positivistischen Kalender* gab Comte jedenfalls zu erkennen, dass er Joachim als »modern« einschätzte[134], und im dritten Band des *Système* identifizierte er dessen Prophezeiung eines dritten Zeitalters, die, wie er annahm, der Franziskaner-General Johannes von Parma in dem Buch *Liber introductorius ad Evangelium aeternum* 1254 herausgegeben hatte, mit seinem dritten, dem positiven Stadium:

»Im dreizehnten Jahrhundert erfüllte sich ein radikalerer Versuch, vorbereitet von dem frommen Weltverbesserer, den Dante als mit prophetischem Geist begabt in sein Paradies aufgenommen hatte; dieser Versuch erfüllte sich noch zur Amtszeit des würdigen Vorgängers, den der heilige Bonaventura als Franziskaner-General hatte. Sein Buch, heute verkannt, aber damals Stimme größter Sehnsucht, bemühte sich in edler Weise der dritten Person der Trinität zum Durchbruch zu verhelfen, um damit die Herrschaft des Herzens einzuleiten, jenes vorläufige Gesetz, das die Einflussmacht des Geistes repräsentierte, damit beiseite schiebend.« (S3: 485)[135]

Wer der Herausgeber der Schriften Joachims war, ist nicht geklärt. Mit Namen trat zwar Geraldo di Borgo San Donnino auf, aber Johannes von Parma scheint an der Publikation mitgewirkt zu haben; das Buch selbst ist nicht erhalten.[136] Tatsache ist, dass die Kirche die Publikation als Häresie ahndete. Geraldo kam ins Gefängnis, Johannes wurde durch Bonaventura ersetzt. Joachims

Prophezeiung hat indessen weiterhin manchen Franziskaner inspiriert, weswegen Comte die Aktivitäten dieses Ordens im 13. und 14. Jahrhundert bewunderte und sich in diese Tradition stellte. Er wollte verwirklichen, woran die Franziskaner gescheitert waren: ein irdisches Paradies im Sinne eines ebenso dauerhaften wie harmonischen sozialen Systems, in dem Selbstlosigkeit und Liebe zwischen den Menschen vorherrschen sollten.

Voegelin hat die joachitischen Implikationen von Comtes Werk herausgearbeitet; hierauf im Einzelnen einzugehen würde zu weit führen.[137] Der geschichtsphilosophische Hintergrund von Comtes Soziologie dürfte auch so klar geworden sein, wobei nicht vergessen werden sollte, dass diese nicht nur in diachroner, sondern auch in synchroner Perspektive eine Säkularisierung des christlichen Denkens darstellt.[138] Walter Ullmann weist darauf hin, dass dem christlichen Funktionalismus »in Verbindung mit dem Sprachbild von Haupt und Gliedern« eine »große Zukunft« beschieden war[139], die tatsächlich bis in die Moderne reichen und zur Grundlage der Soziologie werden sollte. Voegelin hat mit gutem Grund auf die Abstammung der Arbeitsteilungstheorien von der christlichen Leibesmetapher hingewiesen: »Die paulinische Idee der Ausgliederung des corpus mysticum in die sich ergänzenden Funktionen der Gemeinschaft spielt mit in den Arbeitsteilungstheorien der englischen und französischen Ökonomen und Soziologen.«[140] Sie spielt noch bei Luhmann mit, der seine Theorie funktionaler Differenzierung zum fortgeschrittensten soziologischen Ansatz stilisierte, ohne wahrhaben zu wollen, dass das zugrunde liegende Organismuskonzept eine Reformulierung der paulinischen Leibesmetapher darstellt, mit der eigentlich schon alles gesagt ist, was seine Systemtheorie sagen konnte: »der Organismus ist [...] ein Ganzes von Systemen, jedes System in diesem Ganzen hat seine *eigne, besondere* Funktion«[141].

Weil Comtes Epigonen lediglich ein theologisch infiltriertes Organismuskonzept auf die soziale Wirklichkeit applizieren, fehlt ihnen der in direkter Auseinandersetzung mit dem Sozialen gewonnene soziologische Blick. Sie operieren mit einem totalitären Gesellschafts- und Entwicklungsmodell, das sie die Vielfalt gesellschaftlicher Ordnungen nicht erkennen lässt: »Die Geschichte der Menschheit ist mannigfaltig gewesen, weil die sich voneinander unterscheidenden Entwicklungen weit über die Erde verstreut waren. Das Feld der Geschichte kann als pluralistisch bezeichnet werden. Der Fortschritt oder die generelle Weiterentwicklung einer imaginären ›Menschheit‹ hat sich aufgelöst in eine Vielfalt sich unterschiedlich voneinander entwickelnder Vorgänge, die sich zu verschiedenen Zeitpunkten und eigenständig in konkreten Menschen und Gesellschaften ereignen.«[142]

Tatsächlich überzeugt das gesellschaftsgeschichtliche Paradigma immer weniger:

»Die Annahme von der einschmelzenden Kraft weltumspannender ›Modernisierung‹ wird brüchig. Es zeigt sich mehr und mehr, daß ›Modernisierung‹ nicht mehr nur gefaßt werden kann als *ein* globaler Vorgang der Angleichung an das, was die ›westliche‹, die ›Erste Welt‹ ausmacht, – gekennzeichnet lediglich durch konfliktreiche Übergangsphasen und kulturelle Randdifferenzierungen. Daß sich in der der ›Modernisierung‹ ausgesetzten Welt nicht einfach die ›westliche‹ reproduziert, sondern in schwierigen und höchst diversen Transformationen *Neues* entsteht, *unterschiedliches* Neues, – und daß mit der Globalisierung der ›Moderne‹ auch ihr Hort, die ›westliche‹ Welt, *selber* sich verändert, – diese Einsicht sickert doch allmählich in den in seine Selbstläufigkeit eingeschliffenen Apparat soziologischen Denkens und Tuns ein.«[143]

Wer sich für Soziologie interessiert, sollte also besser andere Autoren lesen. Montesquieu war ein Soziologe avant la lettre, der sich in einer eigentümlichen Zwischenlage befand, was ihn für die Soziologie bis heute attraktiv macht. Die Frühaufklärung hatte mit der christlichen Heilsgeschichte gebrochen; die Fortschrittsidee, die deren Stelle einnehmen sollte, ließ mit ihrer Ausarbeitung jedoch auf sich warten. Montesquieu konnte das halbe Jahrhundert, das zwischen Fontenelle und Turgot verstrich, nutzen, um einen von Theologie und Metaphysik gleichermaßen unbelasteten Blick auf die soziale Wirklichkeit zu werfen. So konnte er das andere betrachten, ohne altständigen Asymmetrien oder neumodischen Nostrifizierungen Rechnung tragen zu müssen. In Max Weber und Georg Simmel, die durch die Schule des Historismus gingen, fand er Nachfolger. Zwar haben sie kein der comteschen Tradition vergleichbares Paradigma hervorgebracht. Dafür gibt es, wie die Arbeiten von Matthes und Tenbruck zeigen, in ihrer Tradition Analysen, in denen Sinnvolles über die Vielfalt und das So-und-nicht-anders-Gewordensein der sozialen Wirklichkeit ausgesagt wird.

Was nun Comtes politisches Programm betrifft, so war er nicht minder einflussreich. Während seine Schriften im zweiten Kaiserreich nicht sonderlich beachtet wurden, erlebten sie mit der Gründung der Dritten Republik 1870 eine Konjunktur: »By 1880 Comte was no longer merely among the great thinkers of the century but the most powerful, and one whose ideas were penetrating everywhere.«[144] Dabei wurden seine Ideen allerdings sehr selektiv rezipiert; Linke wie Léon Gambetta und Jules Ferry machten von ihnen ebenso Gebrauch wie die rechte Action Française unter Charles Maurras. Auch außerhalb Frankreichs gab und gibt es teilweise noch positivistische Kirchen und Gruppierungen, von denen zwei brasilianische besonders aktiv sind: die Délégation exécutive de l'Eglise positiviste du Brésil in Rio de Janeiro und das Centre positiviste de Sao Paulo.[145] Tatsächlich war der Positivismus in Brasilien sogar Staatsreligion.

Noch heute ziert das Motto »Ordnung und Fortschritt« die brasilianische Flagge und es sind Brasilianer wie Paulo E. de Berrêdo Carneiro, die sowohl publizistisch als auch institutionell das comtesche Erbe verwalten. Sie geben seine Schriften heraus, unterhalten seine Pariser Wohnung als Museum und haben eine Statue der Humanität, eine Maria nachgebildete Frau, die ein Kind auf dem Arm trägt, am Kopfende seines Grabes auf dem Friedhof Père-Lachaise postiert.

Dass diese Anhängerschaft Comtes jemals ein soziokratisch verfasstes soziales System begründen wird, darf indessen bezweifelt werden. Zwar sind die Voraussetzungen heute günstiger als im 19. Jahrhundert, denn im Zuge der Globalisierung büßen die Territorialstaaten mehr und mehr ihre Souveränität ein, und zudem ist die Menschheit, wie der astronautische Blick zeigt, von einer abstrakten zu einer anschaulichen Größe geworden, der man sich zugehörig fühlen kann.[146] Doch ist es ein Trugschluss zu meinen, dass in der entstehenden weltgesellschaftlichen Ordnung räumliche Grenzen ihre Bedeutung verlieren und nur noch Sachbereiche von Belang sind. Diese Weltgesellschaft wird, soviel ist sicher, anders als es von Comte bis Luhmann verheißen wurde, kein einheitliches Gesellschaftssystem nach Maßgabe der europäischen bürgerlichen Gesellschaft sein, dem man nur eine einheitliche Verfassung geben müsste, sondern eine »Gesellschaft von Gesellschaften«[147], eine prekäre Einheit der Vielfalt, um die sich weder eine Religion noch gar die Soziologie als geistliches Band schlingen kann.[148]

Wie wir gesehen haben, ist auch das mittelalterliche Europa kein einheitliches Gesellschaftssystem gewesen. Der Einheit der Kirche stand die Vielfalt der Staaten gegenüber, wobei die geistliche Einheit ohnehin nur deswegen bestand, weil sich das Christentum als Staatsreligion des Römischen Reiches und des Karolinger Reiches über Europa hatte ausbreiten und andere Religionen wirksam bekämpfen können. In Zeiten der Globalisierung jedoch sind sowohl der Glaube an den christlichen Schöpfergott als auch der an die Humanität des Menschengeschlechts Glaubensbekenntnisse unter anderen, die trotz ihres prätendierten Universalismus ihren europäischen Zuschnitt nicht verleugnen können. Wiewohl es Comtes Ziel war, dass sich die ganze Menschheit in der Humanität selbst anbetet, so waren doch sein Menschenbild und seine Vorstellung von Humanität durch und durch europäisch. Allein, sowenig wie es in struktureller Hinsicht ein weltweit einheitliches Gesellschaftssystem nach europäischem Muster geben wird, dürfte es in kultureller Hinsicht ein weltweit einheitliches Glaubenssystem europäischen Zuschnitts geben.

Selbst in Europa, wo mittlerweile eine okzidentale Republik entsteht, ist ein Anknüpfen an Comtes Programm alles andere als erfolgversprechend. Was dessen strukturellen Aspekt betrifft, so schwindet im Zuge der europäischen Integration zwar die Souveränität der Staaten, doch weiß man hier nur zu gut, dass die mittelalterliche Gewaltenteilung nicht die Erfolgsgeschichte war, die Comte in ihr erkannte. Jacques Le Goff spricht von einem so gründlichen Scheitern, dass er als Mediävist gewillt ist, »vom Mittelalter zu reden, ohne Papst und Kaiser zu erwähnen. Sie sind zu den Figuren eines Schattentheaters geworden, das die Menschen im Mittelalter in der Tat sehr bewegt und sehr begeistert, aber praktisch nichts hinterlassen hat: Ein Traum, ein schöner Traum, denn es ist der Traum von einer Einheit, die das Geistliche und das Weltliche trennt und vereint, die aber nicht mehr ist als einer der Leichname der europäischen Geschichte.«[149]

Und was den kulturellen Aspekt von Comtes Programm angeht, so wird die gemeinsame, durch die römische Kirche, die Renaissance, die Reformation und die Aufklärung geprägte westeuropäische Tradition, die Comte als im Kern humanistisch einschätzte, bald ebenfalls Geschichte sein. Sie wird mit der Osterweiterung der Union einfach aufgekündigt. Nicht 1122, das Jahr des Wormser Konkordats, ist das relevante politische Datum, sondern 1054, das Jahr des Schismas zwischen römisch-katholischer und griechisch-orthodoxer Kirche, wobei mit der Integration der Türkei der Islam als zweite den westlichen Humanismus relativierende Kultur noch hinzukäme. Die Frage ist, ob die Bekenntnisse zur Demokratie und Marktwirtschaft für weitere tausend Jahre Europa ausreichen.

Dies ist der Stachel, den Comtes Werk hinterlässt. Das Plädoyer, das die vorliegende Einführung abschließen soll, stammt nicht von Comte, sondern von Le Goff. Dass man es (bis auf die Vielfalt) ebensogut Comte zuschreiben könnte, zeigt, wie aktuell sein Werk trotz aller Zeitgebundenheit letztlich geblieben ist: »Das Europa von morgen wird ein humanistisches sein, oder es wird nichts sein. Ein neuer Humanismus, der den Fortschritt der Wissenschaft und der Technik, die Errungenschaften der Moderne gemeistert und integriert haben wird. Das große schwierige Werk, zu dem wir aufgerufen sind und das in der Freiheit, der Toleranz, der Vielfalt, im Rahmen der Menschheit und zum Teil im Lichte der Geschichte erfolgt, ist ›die Schaffung eines neuen europäischen Humanismus‹.«[150]

Anhang

Anmerkungen

1 Unter »Monarchie« soll mit Montesquieu eine von drei Regierungsformen verstanden werden; die beiden anderen sind Republik (Demokratie oder Aristokratie) und Despotie: »Es gibt drei Arten von Regierungen: die *republikanische*, die *monarchische* und die *despotische.* [...] *Die republikanische Regierung ist diejenige, in der das Volk als Ganzes oder auch nur ein Teil des Volkes die oberste Gewalt innehat; die monarchische ist diejenige, bei der ein einzelner, aber nach fest bestimmten Gesetzen regiert, während bei der despotischen ein einzelner ohne Recht und Gesetz alles nach seinem Willen und seinen Launen lenkt.*« Vgl. Charles-Louis de Secondat, Baron de la Brède et de Montesquieu, Vom Geist der Gesetze, Bd. 1, Tübingen 1992, S. 18.

2 In Sachen Verfassung richte ich mich hier und im Folgenden nach den historischen und systematischen Ausführungen von: Dieter Grimm, Die Zukunft der Verfassung, Frankfurt/M. 1991. Einige der im Folgenden erwähnten Verfassungen sind abgedruckt in: Günther Franz (Hg.), Staatsverfassungen. Eine Sammlung wichtiger Verfassungen der Vergangenheit und Gegenwart in Urtext und Übersetzung, München 1964.

3 François Furet/Denis Richet, Die Französische Revolution, Frankfurt/M. 1997, S. 14.

4 Gilbert Romme, Rapport sur l'ère de la République, in: Archives parlementaires 74 (Série I: 1787-1799), S. 549-557, hier S. 551.

5 Jules Michelet, Geschichte der Französischen Revolution, Bd. 8: Die Anarchie der Schreckensherrschaft, Wien o.J., S. 362.

6 Ebenda, Bd. 3: Die Flucht des Königs nach Varennes und ihre Folgen, S. 138.

7 Vgl. Marie Jean Antoine Nicolas Caritat, Marquis de Condorcet, Entwurf einer historischen Darstellung der Fortschritte des menschlichen Geistes, Frankfurt/M. 1963, S. 404.

8 Ebenda, S. 345.

9 Vgl. Philippe-François Nazaire Fabre, gen. Fabre d'Eglantine, Rapport sur la nomenclature des mois et des jours du calendrier, in: Archives parlementaires 77 (Série I: 1787-1799), S. 496-508. Eine deutschsprachige Ausgabe dieses Kalenders findet sich im Anhang von: Siegfried Seifert, Die Zeit schlägt ein neues Buch in der Geschichte auf. Zum französischen Revolutionskalender und zu seiner Aufnahme in Deutschland, Weimar 1989. Vgl. zum Revolutionskalender ansonsten ausführlich: Michael Meinzer, Der französische Revolutionskalender (1792-1805). Planung, Durchführung und Scheitern einer politischen Zeitrechnung, München 1992.

10 Arno Schmidt, Germinal, in: ders., Aus julianischen Tagen, Frankfurt/M. 1979, S. 62-71, hier S. 67.

11 Ebenda, S. 69.

12 Vgl. Georg Misch, Zur Entstehung des französischen Positivismus (1901), Darmstadt 1969, S. 87: »[...] man kann sein Werk nicht zu einer positiven Encyklopädie, die ihm selbst stets nur als Einleitung galt, verkleinern wollen, der weitaus grösste Theil seines Lebenswerks ist auf die Gesellschaft gerichtet.«

13 Vgl. Marie Jean Antoine Nicolas de Caritat, Marquis de Condorcet, Plan de constitution, in: ders., Œuvres, Bd. 12, Stuttgart 1968, S. 331-501.

14 Maximilien de Robespierre, Über die Prinzipien der politischen Moral, in: Peter Fischer (Hg.), Reden der Französischen Revolution, München 1974, S. 341-362, hier S. 349.

15 Johannes Willms, Paris. Hauptstadt Europas 1789-1914, München 1988, S. 109.

16 Vgl. Montesquieu, Vom Geist der Gesetze, a.a.O., S. 34 f.: »Eine monarchische oder despotische Regierung bedarf zu ihrer Erhaltung oder Stütze keiner sonderlichen Rechtschaffenheit. Bei der einen ist es die Macht der Gesetze, bei der anderen der stets erhobene Arm des Fürsten, der alles in Ordnung und im Zaume hält. In einem Volksstaat aber bedarf es noch einer weiteren Triebkraft, nämlich der *Tugend.* [...] Denn es ist klar, daß in einer Monarchie, wo der, welcher die Gesetze vollzieht, sich über sie erhaben dünkt, weniger Tugend erforderlich ist als in einer Volksregierung, wo der, der die Gesetze vollziehen läßt, sich selbst ihnen unterworfen fühlt und ihre Last mittragen muß. Es leuchtet ferner ein, daß der Monarch, der auf schlech-

ten Rat hin oder aus Nachlässigkeit die Gesetze nicht mehr vollziehen läßt, das Übel leicht wiedergutmachen kann, denn er braucht nur seinen Entschluß zu ändern oder seine eigene Nachlässigkeit abzustellen. Wenn man aber in einer Volksregierung aufhört, Gesetze zu vollziehen, so ist der Staat schon verloren, weil dies nur auf Grund der inneren Verderbnis der Republik geschehen kann.«

17 Zur Zitation des *Cours* sei angemerkt: Da die ersten drei Bände nicht komplett übersetzt sind, werden sie nach einem übersetzten Auszug zitiert (C123). Die letzten drei Bände sind übersetzt und werden dementsprechend zitiert (C4; C5; C6). Als eine Zusammenfassung des *Cours* kann der *Discours sur l'esprit positif* aus dem Jahre 1844 gelten, der ebenfalls übersetzt vorliegt. Vgl. Auguste Comte, Rede über den Geist des Positivismus, Hamburg 1956.

18 Henri Gouhier, La jeunesse d'Auguste Comte et la formation du positivisme, Bd. 1: Sous le signe de la liberté, Paris 1933, S. 15.

19 Die erste Auflage des *Opuscule fondamental* war 1822 ohne Namensnennung des Autors unter der Herausgeberschaft Saint-Simons erschienen und hatte den Titel *Prospectus des travaux scientifiques nécessaires pour réorganiser la société*. 1824 erschien eine überarbeitete Neuauflage in zweifacher Form: Zum einen wurde sie ohne Namensnennung des Autors als drittes Heft von Saint-Simons *Catéchisme des industriels*, zum anderen mit Namensnennung als *Système de politique positive*, Bd. 1: *Plan des travaux scientifiques nécessaires pour réorganiser la société* gedruckt. Schließlich nahm Comte den Text 1854 in den Anhang des vierten Bandes seines *Système de politique positive* auf. Zur Werkgeschichte dieses Textes vgl.: Henri Gouhier, L'Opuscule fondamental, in: Les études philosophiques 48, 1974, S. 325-337.

20 Jürgen von Kempski, Einleitung, in: Auguste Comte, Die Soziologie. Die positive Philosophie im Auszug, Stuttgart 1974, S. IX-XXXVII, hier S. XIII f. In der Literatur zu Comtes Werk ist gleichwohl immer wieder zu lesen, es bestehe ein Bruch zwischen dem Früh- und dem Spätwerk; während der *Cours* als ein mustergültiges Beispiel erfahrungswissenschaftlichen Denkens vorgeführt wird, meint man im *Système* das absurde Machwerk eines Geisteskranken zu erkennen, weil Comte damit als Religionsgründer auftrat. Das *Système* sei weniger das geplante Ergebnis theoriepolitischer Überlegungen als die unvor-

hergesehene Folge einer tiefen lebensgeschichtlichen Krise. Nachdem der *Cours* nicht die ersehnte akademische Verankerung eingebracht hatte und seine Liebe zu Clotilde de Vaux durch deren frühen Tod unerfüllt blieb, habe sich Comte von der Wissenschaft ab- und der Religion zugewandt, sich gleichsam vom vernunftbesessenen Saulus zum gläubigen Paulus wandelnd. Insbesondere die Beziehung zu Clotilde sei dafür verantwortlich, dass nicht länger Geist und Verstand, sondern Herz und Gefühl in seinen Schriften walteten. Denn durch Madame de Vaux habe er eine »éducation sentimentale« genossen, die ihn eine das Christentum überbietende Menschheitsreligion habe stiften lassen. Diese Lesart hat John Stuart Mill, ein zeitweiliger Wegbegleiter Comtes, in Umlauf gebracht. Vgl. John Stuart Mill, Gesammelte Werke, Bd. 9: August Comte und der Positivismus, Leipzig 1874. Wolf Lepenies verbreitete sie anlässlich der zweihundertsten Wiederkehr von Comtes Geburtstag sogar in der Tagespresse. Vgl. Wolf Lepenies, Das abgelehnte Meisterwerk. Von der soziologischen Theorie zur sozialen Bewegung, in: Frankfurter Allgemeine Zeitung, Nr. 14, 17.1.1998, S. 7f. Comte selbst war anderer Meinung. Die Einheit eines Werks war ihm sogar das Kriterium, an dem sich die Größe eines Lebens messen lassen musste. So fragte er mit Alfred de Vigny im Vorwort des ersten, 1851 publizierten Bandes des *Système*: »Was ist ein großes Leben? Ein in der Jugend gefasster Gedanke, der im reifen Alter ausgeführt wird.« (S1: 1) Schon der Titel des *Système* sollte die Einheit seines Werks anzeigen. Denn *Système de politique positive* hatte er bereits 1824 die zweite Auflage des *Opuscule fondamental* genannt, die er im Anhang des 1854 veröffentlichten vierten Bandes erneut zum Abdruck brachte. Tatsächlich bietet das große *Système* nicht nur eine Ausführung des Grundgedankens der Jugendschrift, sondern ermöglicht auch eine Einstufung der dazwischen liegenden Schriften, in denen sich weitere Hinweise auf die Kontinuität seines Schaffens finden. Im *Cours* hat Comte betont, dass es ihm um die Fortführung seiner »Eingebungen der Jugend« gehe. (C4: XVI) Und er hat eine Abhandlung über »politische Philosophie« angekündigt (C5: 242), die »nach dem früheren Plane«, wie er ihn »vor zwanzig Jahren entworfen habe«, auszuarbeiten sei und vier Bände umfassen werde. (C6: 775) Und weil das alles zutrifft, muss von der Einheit seines Werks ausgegangen werden.

21 Vgl. Condorcet, Entwurf einer historischen Darstellung der Fortschritte des menschlichen Geistes, a.a.O., S. 275 u. 295.

22 Ebenda, S. 167.

23 Vgl. Fontenelle (Bernard Le Bovier), Digression sur les anciens et les modernes (1688), in: ders., Œuvres complètes, Bd. 2, Genf 1968, S. 353-365.

24 Condorcet, Entwurf einer historischen Darstellung der Fortschritte des menschlichen Geistes, a.a.O., S. 97 u. 117.

25 Johannes Willms, Paris, a.a.O., S. 128.

26 Ebenda, S. 127.

27 Ebenda.

28 Vgl. Thomas Hobbes, Leviathan oder Stoff, Form und Gewalt eines bürgerlichen und kirchlichen Staates, Frankfurt/M. 1976. Vgl. zum Titelkupfer dieses Buches: Horst Bredekamp, Thomas Hobbes' visuelle Strategien. Der Leviathan: Urbild des modernen Staates, Berlin 1999.

29 Vgl. Montesquieu, Vom Geist der Gesetze, a.a.O., S. 214 f.: »In jedem Staat gibt es drei Arten von Gewalt [...]. Alles wäre verloren, wenn derselbe Mensch oder die gleiche Körperschaft der Großen, des Adels oder des Volkes diese drei Gewalten ausüben würde: die Macht, Gesetze zu geben, die öffentlichen Beschlüsse zu vollstrecken und die Verbrechen oder die Streitsachen der einzelnen zu richten.« Vgl. bereits: John Locke, Zwei Abhandlungen über die Regierung (1690), Frankfurt/M. 1967, S. 298-300 (§§ 143-148 der zweiten Abhandlung).

30 Was diese Unterscheidung betrifft, ist Wilhelm Ostwalds Übersetzung des *Plans* aus dem Jahr 1914, die auch der hier verwendeten Ausgabe von 1973 zugrunde liegt, nicht eindeutig, sondern schwankt zwischen geistig/weltlich und geistlich/weltlich. Diese Unschärfe ist dem verbreiteten, auf John Stuart Mill zurückgehenden Versuch geschuldet, Comtes Werk in ein wissenschaftliches Frühwerk (geistig) und ein religiöses Spätwerk (geistlich) zu splitten. Im französischen Original findet sich aber durchgängig die Unterscheidung spirituel/temporel, die nicht nur deswegen mit geistlich/weltlich übersetzt werden muss, weil Comte damit die mittelalterliche Gewaltenteilung von Papst und Kaiser bezeichnete, sondern auch, weil die Trennung von Spiritualien und Temporalien in der mittelalterlichen Philosophie als Standardunterscheidung geistlicher und weltlicher Dinge diente. Im Übrigen hat Comte im *Cours* selbst auf die Kontinuität dieser Be-

griffe hingewiesen: »Da diese politischen Bezeichnungen *weltlich* und *geistlich* [...] für die Gesamtheit unserer historischen Analyse naturgemäß häufig verwendet werden müssen, so muß ich hier im allgemeinen in aller Form darauf aufmerksam machen, daß ich ihnen immer genau die regelrechte Bestimmung bewahren werde, der sie die katholische Philosophie seit Jahrhunderten geweiht hat. Außer dem unerläßlichen Bedürfnis nach diesen beiden wichtigen Worten in der politischen Philosophie, die noch nicht beständig durch rationellere Ausdrücke ersetzt werden können, ist es übrigens nicht unnütz, so viel als möglich und ohne jede unfruchtbare Affektation die heutigen Formeln an die alten Gewohnheiten anzuknüpfen, um besser das grundlegende Gefühl der sozialen Kontinuität wachzurufen, das man heute so verkehrterweise geneigt ist gering zu achten.« (C4: 517) Im Folgenden wird deswegen – bisweilen abweichend von der deutschen Übersetzung des *Plans* – durchweg geistlich/weltlich gebraucht.

31 Jean Bodin, Sechs Bücher über den Staat. Buch I-III (1576), München 1981, S. 205.

32 Ebenda, S. 207.

33 Vgl. Wilfried Hartmann, Der Investiturstreit, München 1993.

34 Helmut Quaritsch, Staat und Souveränität, Bd. 1: Die Grundlagen, Frankfurt/M. 1970, S. 58f.

35 Vgl. John Locke, Zwei Abhandlungen über die Regierung, a.a.O., S. 301 (§149 der zweiten Abhandlung): »Obwohl es in einem verfaßten Staat, der auf seiner eigenen Grundlage ruht und der eigenen Natur gemäß handelt, d.h. zur Erhaltung der Gemeinschaft, nur *eine höchste Gewalt* geben kann, nämlich *die Legislative*, der alle übrigen Gewalten untergeordnet sind und auch sein müssen, so ist doch die Legislative nur eine Gewalt, die auf Vertrauen beruht und zu bestimmten Zwecken handelt. Es verbleibt *dem Volk* dennoch *die höchste Gewalt*, die *Legislative* abzuberufen oder *zu ändern*, wenn es der Ansicht ist, daß die *Legislative* dem in sie gesetzten Vertrauen zuwiderhandelt [...]. In dieser Beziehung kann man also sagen, daß die *Gemeinschaft immer die höchste Gewalt* darstellt.«

36 Emmanuel Joseph Sieyès, Opinion de Sieyès, sur plusieurs articles des titres IV et V du projet de constitution, prononcée à la Convention le 2 thermidor de l'an troisième de la République, Text Nr. 40, in: ders., Œuvres de Sieyès, Bd. 3, Paris 1989, S. 7.

37 Jacques Le Goff, Das mittelalterliche Europa und das Europa von morgen, in: ders., Das alte Europa und die Welt der Moderne, München 1996, S. 61-107, hier S. 75.

38 Otto Brunner, Sozialgeschichte Europas im Mittelalter, Göttingen 1978, S. 10 f.

39 Franz-Xaver Kaufmann, Christentum und Globalisierung, in: Peter Hünermann (Hg.), Das II. Vatikanum. Christlicher Glaube im Horizont globaler Modernisierung, Paderborn 1998, S. 15-30, hier S. 24.

40 Jacques Le Goff, Das mittelalterliche Europa und das Europa von morgen, a.a.O., S. 72.

41 Vgl. Walter Ullmann, Gelasius I. (492-496). Das Papsttum an der Wende der Spätantike zum Mittelalter (Päpste und Papsttum, Bd. 18), Stuttgart 1981, S. 211.

42 Vgl. Carl Schmitt, Die geschichtliche Struktur des heutigen Welt-Gegensatzes von Ost und West. Bemerkungen zu Ernst Jüngers Schrift »Der Gordische Knoten«, in: Freundschaftliche Begegnungen. Festschrift für Ernst Jünger zum 60. Geburtstag, Frankfurt/M. 1955, S. 135-167, hier S. 154.

43 Comte hat sein Lebtag nicht begriffen, warum ihm, dem Genie und Neuerer, eine akademische Karriere versagt blieb. Vielleicht war die Antwort zu banal. In einer Polemik über die Universitätsphilosophie hat Arthur Schopenhauer dieser jedenfalls vorgehalten, dass in ihr die liebe Mediokrität dem Status quo, welchem auch immer, das Wort rede. Vgl. Arthur Schopenhauer, Ueber die Universitätsphilosophie, in: ders., Schopenhauers sämtliche Werke, Bd. 6, Berlin o.J., S. 139-195.

44 Blaise Pascal, Fragment eines Vorwortes zur Abhandlung über den leeren Raum, in: ders., Vermächtnis eines großen Herzens. Die kleineren Schriften, Wiesbaden 1947, S. 1-10, hier S. 7.

45 Anne Robert Jacques Turgot, Vortrag über die Vorteile, die die Entstehung des Christentums der Menschheit verschafft hat, in: ders., Über die Fortschritte des menschlichen Geistes, Frankfurt/M. 1990, S. 117-139, hier S. 120.

46 Vgl. Bernard de Mandeville, Die Bienenfabel oder Private Laster, öffentliche Vorteile, Frankfurt/M. 1980.

47 Panajotis Kondylis, Die Aufklärung im Rahmen des neuzeitlichen Rationalismus, München 1986, S. 462.

48 Vgl. Anne Robert Jacques Turgot, Philosophische Darstellung der allmählichen Fortschritte des menschlichen Geistes, in: ders., Über die Fortschritte des menschlichen Geistes, Frankfurt/M. 1990, S. 140-163, hier S. 140: »Und wenn man die menschliche Gattung von ihren Ursprüngen an betrachtet, so erscheint sie in den Augen eines Philosophen wie ein großes Ganzes, das selbst auch, wie jedes Individuum, seine Kindheit hat und Fortschritte macht.« Dass Turgot Pascal nicht beim Namen nannte, war für seine Zeit nicht ungewöhnlich. Sein Publikum wusste auch so, wer gemeint war.

49 Der Begriff der unsichtbaren Hand stammt von Adam Smith, der ihn sowohl in seiner Theorie ethischer Gefühle von 1759 als auch in seiner Arbeit über den Wohlstand der Nationen von 1776 gebrauchte, wobei in der ersten Arbeit dessen theologische Implikation deutlicher zum Ausdruck kommt. Vgl. Adam Smith, Theorie der ethischen Gefühle, Hamburg 1994, S. 316 f.: »Der Ertrag des Bodens erhält zu allen Zeiten ungefähr jene Anzahl von Bewohnern, die er zu erhalten fähig ist. Nur daß die Reichen aus dem ganzen Haufen dasjenige auswählen, was das Kostbarste und ihnen Angenehmste ist. Sie verzehren wenig mehr als die Armen; trotz ihrer natürlichen Selbstsucht und Raubgier und obwohl sie nur ihre eigene Bequemlichkeit im Auge haben, obwohl der einzige Zweck, welchen sie durch die Arbeit all der Tausende, die sie beschäftigen, erreichen wollen, die Befriedigung ihrer eigenen eitlen und unersättlichen Begierden ist, trotzdem teilen sie doch mit den Armen den Erfolg aller Verbesserungen, die sie in ihrer Landwirtschaft einführen. Von einer unsichtbaren Hand werden sie dahin geführt, beinahe die gleiche Verteilung der zum Leben notwendigen Güter zu verwirklichen, die zustande gekommen wäre, wenn die Erde zu gleichen Teilen unter alle ihre Bewohner verteilt worden wäre; und so fördern sie, ohne es zu beabsichtigen, ja ohne es zu wissen, das Interesse der Gesellschaft und gewähren die Mittel zur Vermehrung der Gattung. Als die Vorsehung die Erde unter eine geringe Zahl von Herren und Besitzern verteilte, da hat sie diejenigen, die sie scheinbar bei ihrer Teilung übergangen hat, doch nicht vergessen und nicht ganz verlassen. Auch diese letzteren genießen ihren Teil von allem, was die Erde hervorbringt. In all dem, was das wirkliche Glück des menschlichen Lebens ausmacht, bleiben sie in keiner Beziehung hinter jenen zurück, die scheinbar so weit

über ihnen stehen. In dem Wohlbefinden des Körpers und in dem Frieden der Seele stehen alle Lebensstände einander nahezu gleich und der Bettler, der sich neben der Landstraße sonnt, besitzt jene Sicherheit und Sorglosigkeit, für welche Könige kämpfen.« Vgl. auch Adam Smith, Der Wohlstand der Nationen. Eine Untersuchung seiner Natur und seiner Ursachen, München 1974, S. 370f.

50 Anne Robert Jacques Turgot, Grundriß für zwei Abhandlungen über die Universalgeschichte, in: ders., Über die Fortschritte des menschlichen Geistes, Frankfurt/M. 1990, S. 168-222, hier S. 176.

51 Ders., Vortrag über die Vorteile, die die Entstehung des Christentums der Menschheit verschafft hat, a.a.O., S. 134.

52 Vgl. Léon Brunschwicg/Pierre Boutroux (Hg.), Œuvres de Blaise Pascal, Bd. 2, Paris 1908, S. 129: »Das Fragment war zuerst von Bossut publiziert worden, der daraus den ersten Artikel des ersten Teils der *Pensées* gemacht hatte; er hatte diesen Artikel betitelt mit: *Von der Autorität auf dem Gebiet der Philosophie* (*Œuvres*, 1779, Bd. 2, S. 1-12).« Die zweite Edition des Fragments, die Comte zur Verfügung stand, hatte Prosper Faugère besorgt. Vgl. Blaise Pascal, Pensées, Bd. 1, Paris 1844, S. 89-101.

53 Comte hatte hierfür die Unterscheidung von Statik und Dynamik eingeführt: »Denn es ist klar, daß das statische Studium des sozialen Organismus im Grunde mit der positiven Theorie der Ordnung zusammenfallen muß, die dem Wesen nach faktisch nur in einer richtigen dauernden Harmonie zwischen den verschiedenen Existenzbedingungen der menschlichen Gesellschaften bestehen kann; ebenso erkennt man noch deutlicher, daß das dynamische Studium des Gemeinschaftslebens der Menschheit notwendig die positive Theorie vom sozialen Fortschritt bildet.« (C4: 233)

54 Blaise Pascal, Über die Religion und über einige andere Gegenstände (Pensées), Heidelberg 1946, S. 221 (Frgt. 473).

55 Ebenda, S. 224 (Frgt. 483).

56 Ebenda, S. 225 (Frgt. 483).

57 Ebenda, S. 222 (Frgt. 477).

58 Franz-Xaver Kaufmann, Religion and Modernization in Europe, in: Journal of Institutional and Theoretical Economics 153, 1997, S. 80-96, hier S. 89. Max Weber zufolge ist unter »Cäsaropapismus« ein Regime zu verstehen, in dem die geistliche Gewalt der weltlichen unter-

geordnet ist. Die Hierokratie oder Theokratie stellt den umgekehrten Fall dar; hier ist die weltliche Gewalt der geistlichen untergeordnet. Vgl. Max Weber, Wirtschaft und Gesellschaft. Grundriß der verstehenden Soziologie, Tübingen 1980, S. 691f.

59 Franz-Xaver Kaufmann, Religion and Modernization in Europe, a.a.O., S. 89.

60 Für Descartes gab es zwei Operationen des Geistes, durch die man »ohne jede Furcht vor Täuschung zur Erkenntnis der Dinge« gelangen kann: »nämlich *Intuition* und *Deduktion*«. Unter »Intuition« verstand er nicht »das mannigfach wechselnde Zeugnis der Sinne oder das trügerische Urteil, das sich auf die verworrenen Bilder der sinnlichen Anschauung stützt, sondern ein so einfaches und instinktives Begreifen des reinen und aufmerksamen Geistes, daß über das Erkannte weiterhin kein Zweifel übrigbleibt«; unter »Deduktion« verstand er »all das, was sich aus bestimmten anderen, sicher erkannten Dingen, mit Notwendigkeit ableiten läßt«. Die Intuition müsse durch die Deduktion ergänzt werden, »weil man von den meisten Dingen, wenngleich sie nicht von sich aus evident sind, doch ein sicheres Wissen hat, wenn sie nur von wahren und klar erkannten Prinzipien aus durch eine kontinuierliche und nirgendwo unterbrochene Bewegung des intuitiv jeden Einzelschritt hervorbringenden Denkens abgeleitet werden«. Vgl. René Descartes, Regeln zur Leitung des Geistes, in: ders., René Descartes' philosophische Werke, 1. Abt. (Philosophische Bibliothek, Bd. 26a), Leipzig 1906, S. 12f.

61 Blaise Pascal, Über die Religion und einige andere Gegenstände (Pensées), a.a.O., S. 145f. (Frgt. 282f.).

62 Vgl. Ewald Wasmuth, Der unbekannte Pascal. Versuch einer Deutung seines Lebens und seiner Lehre, Regensburg 1962, S. 245-255.

63 Georg Simmel hat (allerdings ohne sich auf Comte zu beziehen) den Gedanken aufgegriffen, dass die Frauen »ihre Kulturleistung an der qualitativen Formung der Männer haben«, dass sie also »an den Männern gleichsam den Stoff finden, an dem die Besonderheit ihres Wesens und ihrer Kräfte sich objektivirt und ein nur durch sie realisirbares und sie – wenn auch nicht wörtlich – ausdrückendes Gebilde schafft«. Vgl. Georg Simmel, Über weibliche Kultur, in: ders., Georg Simmel-Gesamtausgabe, Bd. 7: Aufsätze und Abhandlungen 1901-1908, Bd. 1, Frankfurt/M. 1995, S. 64-83, hier S. 80. Vgl. in diesem

Sinne auch: Roger Garaudy, Das schwache Geschlecht ist unsere Stärke. Für die Feminisierung der Gesellschaft, München 1985.

64 Vgl. Richard S. Lazarus, Emotion and Adaption, New York 1991.

65 Georg Simmel, Zur Soziologie der Religion, in: ders., Georg Simmel-Gesamtausgabe, Bd. 5: Aufsätze und Abhandlungen 1894-1900, Frankfurt/M. 1992, S. 266-286, hier S. 277.

66 In diesem Aufsatz von 1825/26 hat Comte noch einmal das aufklärerische Dogma der Gewissensfreiheit verurteilt, das es jedem anheim stelle, sich nach Belieben für oder gegen ein Gedankensystem zu entscheiden. Doch was er im *Plan* noch im Unbestimmten gelassen hatte, sprach er nun explizit aus. Innerhalb der Astronomie, Physik, Chemie und Physiologie gebe es keine Freiheit des Gewissens, so hatte er 1824 formuliert, denn jeder würde es absurd finden, »nicht an die Prinzipien zu glauben«, die »durch kompetente Männer aufgestellt worden sind« (P: 43). Jetzt stellte er klar, dass es ihm in der Tat um eine Form des Glaubens, letztlich also um Religion ging: »[...] immer ist erwiesen, daß in jeder geregelten Gesellschaft, die Begriffe von *Gut* oder von *Böse*, welche das Verfahren eines Jeden, in den verschiedenen gesellschaftlichen Beziehungen (ja selbst in dem rein individuellen Leben, sofern es auf diese Beziehungen einfließt) zu leiten bestimmt sind, sich auf das zurückführen lassen müssen, was in positiven Satzungen, die von einer gehörig organisirten Autorität festgestellt sind und aufrecht erhalten werden, und deren Totalität die leitende Doctrin der Gesellschaft bildet, *vorgeschrieben* und *verboten* ist. Hieraus erklärt sich die alte Erfahrung des menschlichen Geschlechts, deren allgemeines Resultat die katholische Philosophie, nach jener tiefen, wenn gleich nur empirischen Kenntniß der menschlichen Natur, welche sie in einem so hohen Grade charakterisirt, dadurch in ein System gebracht hat, daß sie den *Glauben*, d.h. die Geneigtheit, ohne vorhergegangenen Beweis die von der competenten Behörde ausgesprochenen Dogmen für wahr zu halten, geradezu als eine Fundamental-Tugend, und als unveränderliche und nothwendige Grundlage aller Wohlfahrt (diese sei eine besondere, oder eine öffentliche) dargestellt. In der That ist dies die allgemeine Bedingung, welche erfüllt sein muß, wenn eine geistige und sittliche Gemeinschaft Statt finden und bestehen soll.« (G: 359 f.)

67 Es sollte nicht unerwähnt bleiben, dass Comte daran dachte, auch

solche Tiere in das große Wesen aufzunehmen, die mit dem Menschen in friedlicher oder sogar Zweckgemeinschaft leben. (S1: 615) Diese Entscheidung ist in einem bemerkenswerten Sinne unchristlich und gerade deswegen interessant im Hinblick auf die aktuellen Debatten um das Für und Wider von Grundrechten für Tiere. Tatsächlich hat das Christentum die Welt in ein riesiges Schlachthaus verwandelt, mit der Bibel als technischer Dienstanweisung. So schlachtete im Alten Testament Salomo zu Ehren Gottes 22000 Rinder und 120000 Schafe (1 Kg. 8, 62ff.), im Neuen scheute sich Jesus nicht, eine große Herde von Schweinen über die Klippen springen zu lassen, um zwei Besessene zu heilen (Matth. 8, 28ff.), was nur zwei Beispiele sind. Dass es dem christlichen Schöpfergott mit seiner Vorliebe für nutzlose Schmerzen eben nicht »um die Ochsen« (1 Kor. 9, 9) geht, verleiht den Schlächtern von Milliarden von Tieren bis heute ein ruhiges Gewissen.

68 Johann Gottfried von Herder, Briefe der Humanität, Frankfurt/M. 1947, S. 68 (27. Brief: Über das Wort und den Begriff der Humanität). Comte war mit Auszügen aus Herders Werk bekannt dank der Übersetzungen, die sein Freund Gustave d'Eichthal angefertigt hatte. Vgl. Mary Pickering, Auguste Comte. An Intellectual Biography, Cambridge 1993, S. 277-289.

69 Fabre d'Eglantine, Rapport sur la nomenclature des mois et des jours du calendrier, a.a.O., S. 502.

70 Vgl. Alain Corbin, Kulissen, in: Philippe Ariès/Georges Duby (Hg.), Geschichte des privaten Lebens, Bd. 4: Von der Revolution zum Großen Krieg (hg. von Michelle Perrot), Augsburg 1999, S. 419-634, hier S. 499-507.

71 Vgl. Marie Joseph Chénier, De l'instruction publique, in: Archives parlementaires 78 (Série I: 1787-1799), S. 373-376, hier S. 375: »[...] schließlich, frei von Vorurteilen und würdig, die französische Nation zu repräsentieren, wissen Sie auf den Trümmern des entthronten Aberglaubens die einzige allumfassende Religion zu begründen, die den Frieden und nicht das Schwert bringt, die Bürger und keine Könige oder Untertanen macht, Brüder und keine Feinde, die weder Sekten noch Mysterien kennt, deren einziges Dogma die Gleichheit ist, in der die Gesetze die Orakel sind, in der die Richter die Hohepriester sind und die den Weihrauch der großen Familie nur vor

dem Altar des Vaterlandes brennen lässt, Mutter und Gottheit in einem.«

72 Jules Michelet, Geschichte der Französischen Revolution, Bd. 8, a.a.O., S. 372f.

73 Ebenda, S. 373. Der Gerechtigkeit halber sei erwähnt, dass Chénier eine »Erziehung des Herzens« immerhin gefordert hatte. Vgl. Marie Joseph Chénier, De l'instruction publique, a.a.O., S. 373.

74 Jean-Jacques Rousseau, Der Gesellschaftsvertrag, Zürich 1946, S. 168f. (4. Buch, 8. Kapitel).

75 Vgl. ebenda, S. 162.

76 Maximilien de Robespierre, Rapport sur les fêtes décadaires, in: Archives parlementaires 90 (Série I: 1787-1799), S. 132-141, hier S. 136.

77 Ebenda, S. 140.

78 François Alphonse Aulard, Politische Geschichte der Französischen Revolution. Entstehung und Entwicklung der Demokratie und der Republik 1789-1804, München 1924, S. 402.

79 In diese restaurative Tradition gehörte für Comte auch Saint-Simons Religionsgründung. Vgl. Henri de Saint-Simon, Neues Christentum (1825), Leipzig 1911. Comte bedauerte es im Nachhinein sehr, in seiner Jugend den »Verlockungen« Saint-Simons, jenes »oberflächlichen und verkommenen Gauklers« (K: 29), aufgesessen zu sein. Im Übrigen ließ er auch keine Gelegenheit aus, um Rousseau zu schmähen, der »im Delirium eines sophistischen Hochmutes mit cynischem Wohlgefallen die niedrigsten Schandtaten seines Privatlebens« enthüllt und es gleichwohl gewagt habe, »sein ganzes Verhalten zum moralischen Vorbild der Menschheit zu erheben« (C5: 567). Während er Restaurationstheoretiker wie de Maistre und de Bonald, die in seinen Augen moralisch integer waren, in den positivistischen Kalender aufnahm, wollte Comte Saint-Simon und Rousseau der Vergessenheit anheim fallen lassen.

80 Nicolaus Sombart, Pariser Lehrjahre 1951-1954. Leçons de Sociologie, Hamburg 1995, S. 50f.

81 Vgl. Carl Schmitt, Der Nomos der Erde im Völkerrecht des Jus Publicum Europaeum, Köln 1950, S. 28.

82 Johann Gottfried von Herder, Briefe der Humanität, a.a.O., S. 185f. (70. Brief: Ob die Griechen künftigen Jahrhunderten alles weggenommen haben? Charakter der heiligen Jungfrau. Andere christliche Ideen).

83 Ebenda, S. 186.

84 Ebenda.

85 Vgl. Anika Davidson, Inszenierung und Idolatrie. Zur Hermeneutik von Bild und Text in Marien-»Bildern« der romantischen Literatur, in: Ruben Zimmermann (Hg.), Bildersprache verstehen. Zur Hermeneutik der Metapher und anderer bildlicher Sprachformen, München 2000, S. 193-214. In der Renaissance spielt übrigens auch George Eliots 1862 verfasster Roman *Romola*, in dem in Auseinandersetzung mit der Philosophie Comtes die soziale Bedeutung der Liebe literarisch gestaltet wird: »Nach Comte war es die Renaissance, die den Wandel vom theologischen zum metaphysischen Stadium kennzeichnete: eine Übergangsperiode, in der der Mensch nichts Höheres als die Abstraktionen seines eigenen Geistes anbetet und in der die Kräfte der Zuneigung und Achtung, die eine Gesellschaft zusammenhalten, durch einen undisziplinierten und im wesentlichen selbstzentrierten Geist des Fragens und Forschens fragmentiert werden«; dagegen hängt für Eliot »der Fortschritt der Gesellschaft von einer moralischen Orientierung ab«, die den in der Figur des Metaphysikers Tito verkörperten Egoismus kontrollieren kann, ohne sich der in der Figur des Theologen Savanarola verkörperten Macht zu bedienen: »Diese Orientierung leitet sich aus der Kraft der Liebe her, und Liebe, wie der Roman immer wieder erkennen läßt, ist am stärksten in der Familie konzentriert, in den Bindungen an Eltern, Ehepartner und vor allem Kinder. Wenn Romola in dem von der Pest heimgesuchten Dorf ein verlassenes Kind pflegt, wird sie gezielt mit der barmherzigen Jungfrau identifiziert, aber in der Praxis hat sie sich längst schon als eine Schwester des Erbarmens etabliert und als ›die sichtbare Madonna‹, eine fromme Dame, die sich allgemein der Bedürftigen von Florenz annimmt. Sie wird in der Tat ein feminines Ideal der mitfühlenden Liebe.« Vgl. Andrew Brown, Nachwort, in: George Eliot, Romola. Historischer Roman aus dem Florenz der Renaissance, Bergisch Gladbach 1998, S. 781-802, hier S. 791 u. 797.

86 Johann Wolfgang von Goethe, Faust. Der Tragödie zweiter Teil, in: ders., Werke. Hamburger Ausgabe, Bd. 3: Dramatische Dichtungen I, München 1998, S. 146-364, hier S. 364 (Zeile 12110).

87 Tatsächlich ist Comte von 1825 bis 1842 mit Caroline Massin verheiratet gewesen – seinen Angaben zufolge nicht eben glücklich.

88 Dan Hofstadter, Die Liebesaffäre als Kunstwerk, Berlin 1996, S. 406.

89 Blaise Pascal, Abhandlung über die Leidenschaften der Liebe, in: ders., Vermächtnis eines großen Herzens. Die kleineren Schriften, Wiesbaden 1947, S. 150-164, hier S. 155.

90 Heute geht man allerdings davon aus, dass diese kleine Abhandlung nicht von Pascal stammt, was für die Beschäftigung mit Comte aber nicht relevant ist.

91 Allerdings gibt es bemerkenswerte Vorarbeiten. Vgl. Charles de Rouvre, L'amoureuse histoire d'Auguste Comte et de Clotilde de Vaux, Paris 1920; Jane M. Style, Auguste Comte. Thinker and Lover, London 1928; Maurice Wolff, Le roman de Clotilde de Vaux et de Auguste Comte suivi d'un choix de leurs lettres et du roman Wilhelmine, Paris 1929.

92 Der Briefwechsel zwischen Comte und Madame de Vaux ist abgedruckt in: Auguste Comte, Correspondance générale et confessions, Bd. 3, Paris 1977.

93 Alain Corbin, Kulissen, a.a.O., S. 532 u. 534.

94 Ernst Robert Curtius, Europäische Literatur und lateinisches Mittelalter, Bern 1965, S. 377.

95 »Sie haben das Herz eines Ritters«, schrieb Clotilde de Vaux an Auguste Comte in einem Brief vom 8.1.1846. Vgl. Auguste Comte, Correspondance générale et confessions, a.a.O., S. 271.

96 Vgl. Linda M. Paterson, The World of the Troubadours. Medieval Occitan Society, Cambridge 1993.

97 Tatsächlich hatte sich bereits Condorcet positiv über das Rittertum geäußert; er hatte es nicht nur als einen Lichtblick in der Finsternis des Mittelalters eingestuft, sondern auch, da er trotz Turgot am Christentum kein gutes Haar lassen wollte, als Wegbereiter der Menschlichkeit: »Zugegeben, daß die Galanterie der Minnesänger und Troubadours, daß die Institution des Rittertums, die Großherzigkeit und Freimut bekundete, dem Schutz der Religion, der Verteidigung der Unterdrückten und dem Frauendienst sich widmete, den Sitten anscheinend mehr Milde, Anstand und Feinheit verleihen mußten. [...] Fraglos war jene poetische und militärische Galanterie, die Ritterlichkeit, die man zum großen Teil den Arabern verdankte, deren natürliche Großmut lange Zeit in Spanien dem Aberglauben und Despotismus widerstanden hatte, etwas sehr Nützliches: durch sie

wurde der Same der Menschlichkeit ausgestreut, der erst in glücklicheren Zeiten Frucht bringen sollte.« Vgl. Condorcet, Entwurf einer historischen Darstellung der Fortschritte des menschlichen Geistes, a.a.O., S. 205.

98 Vgl. René Descartes, Meditationen über die Grundlagen der Philosophie, Leipzig 1915; Edmund Husserl, Cartesianische Meditationen. Eine Einleitung in die Phänomenologie, Hamburg 1977.

99 Vgl. hierzu: Werner Fuchs-Heinritz, Auguste Comte. Einführung in Leben und Werk, Opladen 1998, S. 244-251.

100 Emmanuel Joseph Sieyès, Was ist der Dritte Stand?, in: ders., Politische Schriften 1788-1790, München 1981, S. 117-195, hier S. 124.

101 Vgl. Karl Marx, Manifest der Kommunistischen Partei (1847/48), in: ders., Die Frühschriften, Stuttgart 1971, S. 525-560; ders., Die Klassenkämpfe in Frankreich 1848 bis 1850, in: Karl Marx/Friedrich Engels, Werke (MEW), Bd. 7, Berlin 1978, S. 9-107.

102 Marx hatte dafür nur Spott übrig. Für ihn gehörte Comte zu den »kritisch-utopischen« Sozialisten und Kommunisten, die in einem umgekehrten Verhältnis zur geschichtlichen Entwicklung stünden: »Sie suchen daher konsequent den Klassenkampf abzustumpfen und die Gegensätze zu vermitteln. Sie träumen noch immer die versuchsweise Verwirklichung ihrer gesellschaftlichen Utopien [...] und zum Aufbau aller dieser spanischen Schlösser müssen sie an die Philanthropie der bürgerlichen Herzen und Geldsäcke appellieren.« Vgl. Karl Marx, Manifest der Kommunistischen Partei, a.a.O., S. 558.

103 Comte teilte seine positivistische Bibliothek des 19. Jahrhunderts in vier Bereiche ein: Der erste Bereich (30 Bände) umfasste die Dichtung, u.a. Homer, Vergil, Dante, Shakespeare und Goethe; der zweite Bereich (30 Bände) war der Mathematik und den Naturwissenschaften gewidmet, wobei Comte seine einschlägigen Schriften neben die Werke von Descartes, Condorcet, Lavoisier, Lamarck etc. stellte; der dritte Bereich (60 Bände) galt der Geschichte und enthielt Historiographien u.a. von Herodot, Tacitus, Gibbon, Voltaire und Winckelmann; der vierte Bereich (30 Bände) war mit »Synthese« überschrieben, ihm gehörten die Bibel und der Koran ebenso an wie Werke von Aristoteles, Cicero, Augustinus, Pascal und Diderot – den Abschluss sollten Comtes eigene Werke bilden, der *Cours*, das *Système*, der *Katechismus der Positiven Religion*, der *Aufruf an die Konservativen*

sowie die projektierte *Synthèse subjective*, mit der Comte sein Werk zusammenfassen wollte, von der er aber nur den ersten, mathematischen Teil fertigstellen und publizieren konnte. Vgl. Auguste Comte, Synthèse subjective, ou Système universel des conceptions propres à l'état normal de l'Humanité, Bd. 1: Contenant le Système de logique positive ou Traité de philosophie mathématique, Paris 1856.

104 Vgl. Wladimir Iljitsch Lenin, Thesen und Referat über bürgerliche Demokratie und Diktatur des Proletariats (gehalten am 4.3.1919 auf dem 1. Kongress der Kommunistischen Internationale), in: ders., Ausgewählte Werke, Bd. 3, Berlin 1970, S. 164-180, hier S. 164 f.: »Die Geschichte lehrt, daß noch nie eine unterdrückte Klasse zur Herrschaft gelangt ist und auch nicht gelangen konnte, ohne eine Periode der Diktatur durchzumachen, d.h. der Eroberung der politischen Macht und der gewaltsamen Unterdrückung des verzweifeltsten, wildesten, vor keinem Verbrechen zurückschreckenden Widerstands, der immer von den Ausbeutern geleistet wurde.«

105 Vgl. Montesquieu, Vom Geist der Gesetze, a.a.O., S. 18-28.

106 Ebenda, S. 35 f.

107 Dass Comte die Liebe als »Prinzip« bezeichnete, ist Montesquieus Ausführungen über die Prinzipien der Regierungsformen geschuldet. Vgl. Montesquieu, Vom Geist der Gesetze, a.a.O., S. 33-46. Comte platzierte den Terminus »Die Liebe als Prinzip« regelmäßig noch vor den beiden anderen Wendungen, »Die Ordnung als Fundament« und »Der Fortschritt als Ziel«, auf den Titelblättern seiner Publikationen, mit denen er die »Okzidentale Republik« begründen wollte.

108 Carl Schmitt, Der Nomos der Erde im Völkerrecht des Jus Publicum Europaeum, a.a.O., S. 30. Vgl. hierzu auch: Helmut Quaritsch, Staat und Souveränität, a.a.O., S. 67: »Die Kämpfe zwischen Kaiser und Papst haben die Existenz der universitas nicht in Frage gestellt. Die Auswirkungen und Folgen dieser Kämpfe mögen ihren schließlichen Zerfall entscheidend mitverursacht haben: der Streit um den Vorrang in der Führung setzte den Bestand der zu führenden Einheit voraus. Die Auseinandersetzung findet in der hierarchischen Doppelspitze der universitas statt, gleichsam auf dem Grat und in der Horizontalen [...]. Auch blieb – selbst in den äußersten Konfliktsituationen – der Rang des Gegners in der von ihm repräsentierten

Ordnung unangetastet. Kaiser und Papst ahnden einzelne Handlungen, bestreiten konkrete Ansprüche und leugnen allgemeine Rechtsbehauptungen des Gegners, da wird gebannt, abgesetzt und vertrieben, doch so tückisch, verlogen und grausam es in diesem Ringen auch oft hergeht: der Kampf wird von Person zu Person gekämpft und bleibt auf der personalen Ebene. Keiner der Kontrahenten hat es gewagt oder auch nur erwogen, aus diesem Bereich herauszutreten und die Institution des anderen schlechthin zu verneinen und zu vernichten. Kaiser und Papst krönten die Hierarchie, Kaisertum und Papsttum bildeten zugleich die beiden Pfeiler, auf denen die Verfassung der universitas christiana ruhte.«

109 Carl Schmitt, Römischer Katholizismus und politische Form, München 1925, S. 10.

110 Vgl. Otwin Massing, Wozu Soziologiegeschichte? Keine Reverenz vor Auguste Comte, zum Beispiel, in: Soziologie, Heft 4, 1998, S. 5-13, hier S. 5.

111 Vgl. Herbert Spencer, The Works of Herbert Spencer, Bd. 6-8: A System of Synthetic Philosophy, Bd. 6-8: The Principles of Sociology, Bd. 1-3, Osnabrück 1966 (1876, 1879/82, 1896); Emile Durkheim, Über soziale Arbeitsteilung. Studie über die Organisation höherer Gesellschaften, Frankfurt/M. 1988 (1893); Talcott Parsons, The Social System, London 1951; Niklas Luhmann, Die Gesellschaft der Gesellschaft, Frankfurt/M. 1997.

112 Vgl. Friedrich H. Tenbruck, Gesellschaftsgeschichte oder Weltgeschichte?, in: ders., Perspektiven der Kultursoziologie. Gesammelte Aufsätze, Opladen 1996, S. 75-98.

113 Montesquieu, Vom Geist der Gesetze, a.a.O., S. 6.

114 Ebenda, S. 413.

115 Vgl. Anne Robert Jacques Turgot, Untersuchungen über die Ursachen der Fortschritte und des Niedergangs der Wissenschaften und Künste oder Überlegungen über die Geschichte der Fortschritte des menschlichen Geistes, in: ders., Über die Fortschritte des menschlichen Geistes, Frankfurt/M. 1990, S. 91-116, hier S. 112-114.

116 Vgl. schon im *Plan*: »So sind beispielsweise die Sitten der ersten Zeit der Griechen, wie *Homer* sie schildert, in unseren Tagen mit großer Ähnlichkeit bei den wilden Völkern des nördlichen Amerikas wiedergefunden worden. Der Feudalismus bei den Malayen hat densel-

ben westlichen Charakter, den er in Europa im 11. Jahrhundert gehabt hat usw., was sich alles nur auf die eine Weise erklären läßt.« (P: 93)

117 Paul Barth, Die Philosophie der Geschichte als Soziologie. Erster Teil: Grundlegung und kritische Übersicht, Leipzig 1915, S. 191.

118 Karl Löwith, Weltgeschichte und Heilsgeschehen. Die theologischen Voraussetzungen der Geschichtsphilosophie, Stuttgart 1979, S. 11.

119 Panajotis Kondylis, Die Aufklärung im Rahmen des neuzeitlichen Rationalismus, a.a.O., S. 468.

120 Joachim Matthes, The Operation called »Vergleichen«, in: ders. (Hg.), Zwischen den Kulturen? Die Sozialwissenschaften vor dem Problem des Kulturvergleichs, Göttingen 1992, S. 75-99, hier S. 82.

121 Ebenda.

122 Friedrich H. Tenbruck, Der Traum der säkularen Ökumene. Sinn und Grenze der Entwicklungsvision, in: Annali di Sociologia 3, 1987, S. 11-36, hier S. 15 f.

123 Vgl. Helmut Schelsky, Soziologie – wie ich sie verstand und verstehe, in: ders., Rückblicke eines Anti-Soziologen, Opladen 1981, S. 70-108, hier S. 106 f.: »Talcott Parsons begann seine erste große Veröffentlichung, *The Structure of Social Action*, 1. Aufl. 1937, mit einer Ablehnung von Spencer [...]. Aber seine Entwicklung und spätere Position, wie sie insbesondere in dem die ›soziologische Systemtheorie‹ durchsetzenden Werk *The Social System*, 1. Aufl. 1951, zum Ausdruck kommt, kann natürlich fachgeschichtlich nur als eine ›Rückkehr zu Spencer‹ verstanden werden. Niklas Luhmann ist ein Schüler und Fortführer des ›systemtheoretischen‹ Ansatzes von Parsons, hat daher auch ein viel unbelasteteres Verhältnis zu Spencer [...].«

124 Vgl. zur soziologischen Insuffizienz dieser soziologischen Theorietradition: Gerhard Wagner, Herausforderung Vielfalt. Plädoyer für eine kosmopolitische Soziologie, Konstanz 1999.

125 Karl Löwith, Weltgeschichte und Heilsgeschehen, a.a.O., S. 11 f.

126 Vgl. ebenda, S. 68-87, 136-147 u. 190-195.

127 Ebenda, S. 190.

128 Gotthold Ephraim Lessing, Die Erziehung des Menschengeschlechts, in: ders., Lessings sämtliche Werke in zwanzig Bänden, Bd. 19, Stuttgart 1893, S. 172-189, hier S. 187 f. (§§ 86-89).

129 Vgl. ders., L'Education du genre humain, in: Eugène Rodrigues, Lett-

res sur la religion et la politique, 1929; suivies de l'Education du genre humain, traduit de l'Allemand, de Lessing, Paris 1831, S. 139-180, hier S. 176 (§ 88). Henri Fournel zufolge wurde diese Übersetzung erstmals im Januar 1830 publiziert, bevor sie 1831 im Anhang zu Rodrigues' Briefen erneut aufgelegt wurde. Vgl. Henri Fournel, Bibliographie Saint-Simonienne de 1802 au 31 Décembre 1832, New York 1973, S. 65 u. 94. Auf Lessings Abhandlung hatte 1810 bereits Madame de Staël, deren Schriften Comte schätzte, aufmerksam gemacht, wobei die dreistufige Entwicklung allerdings nur vage durchschien. Vgl. Anne Germaine de Staël, Über Deutschland, Frankfurt/M. 1985, S. 657 f.: »Mehrere Personen meinen, die Religion der Deutschen sei allzu unbestimmt, und es würde besser sein, sich unter der Fahne eines positiveren und strengeren Kultus zu vereinigen. Lessing sagt in seinem *Versuch über die Erziehung des Menschengeschlechts*: ›Alle religiösen Offenbarungen sind dem Grade von Aufklärung angemessen gewesen, welcher um die Zeit, wo jene hervortraten, stattfand.‹ Das Alte Testament, das Evangelium und, in mehr als einer Hinsicht, die Reformation standen, zu ihrer Zeit, in vollkommener Übereinstimmung mit den Fortschritten der Geister; und vielleicht befinden wir uns am Vorabend einer Entwicklung des Christentums, welche alle zerstreuten Strahlen in einem und demselben Brennpunkt sammeln und uns in der Religion mehr als Moral, mehr als Glück, mehr als Philosophie, sogar mehr als Gefühl finden lassen; denn jedes dieser Güter kann durch seine Vereinigung mit den übrigen vervielfältigt werden.«

130 Marjorie Reeves/Warwick Gould, Joachim of Fiore and the Myth of the Eternal Evangel in the Nineteenth Century, Oxford 1987, S. 60 f.

131 Vgl. Aurelius Augustinus, Der Gottesstaat, Paderborn 1979.

132 Karl Löwith, Weltgeschichte und Heilsgeschehen, a.a.O., S. 141.

133 Eric Voegelin, Die neue Wissenschaft der Politik. Eine Einführung, München 1959, S. 167-169.

134 »Joachim« heißt (seltsamerweise zusammen mit Bonaventura, dem Franziskaner-General, der Joachim entgegenwirkte) der dritte Tag des elften, der modernen Philosophie gewidmeten Monats namens »Descartes«.

135 Comte bezieht sich hier auf den 12. Gesang im Paradies. Vgl. Dante Alighieri, Die Göttliche Komödie, München 1982, S. 364: »Raban

ist hier, und links siehst du den Abt,/ Den Kalabresen Joachim, vertreten,/ Der mit prophetischem Geiste war begabt.«

136 Vgl. Herbert Grundmann, Dante und Joachim von Fiore zu Paradiso x-xii, in: Delno C. West (Hg.), Joachim of Fiore in Christian Thought. Essays on the Influence of the Calabrian Prophet, Bd. 2, New York 1975, S. 329-375, hier S. 349-351.

137 Vgl. Eric Voegelin, Die neue Wissenschaft der Politik, a.a.O., S. 153-185; ders., The Collected Works of Eric Voegelin, Bd. 26: History of Political Ideas, Bd. 8: Crisis and the Apocalypse of Man, Columbia 1999, S. 161-250.

138 Warum erkennt man den Fluch des Christentums eigentlich nicht im Funktionalismus? Vgl. Herbert Schnädelbach, Der Fluch des Christentums, in: Die Zeit, Nr. 20, 11. 5. 2000, S. 41 f.

139 Walter Ullmann, Gelasius, a. a. O., S. 211.

140 Eric Voegelin, Die politischen Religionen, Stockholm 1939, S. 35.

141 Friedrich Wilhelm Joseph von Schelling, Erster Entwurf eines Systems der Naturphilosophie. Für Vorlesungen (1799), in: ders., Sämmtliche Werke, Abt. 1, Bd. 3, Stuttgart 1858, S. 1-268, hier S. 174. Der Differenzierungsbegriff stammt übrigens auch von Schelling. Vgl. Friedrich Wilhelm Joseph Schelling, Ideen zu einer Philosophie der Natur als Einleitung in das Studium dieser Wissenschaft, in: ders., Sämmtliche Werke, Abt. 1, Bd. 2, Stuttgart 1857, S. 1-343, hier S. 189.

142 Eric Voegelin, Autobiographische Reflexionen, München 1994, S. 103.

143 Joachim Matthes, The Operation Called »Vergleichen«, a. a. O., S. 89 f.

144 Walter M. Simon, European Positivism in the Nineteenth Century. An Essay in Intellectual History, Port Washington 1972, S. 155.

145 Vgl. Terence R. Wright, The Religion of Humanity. The Impact of Comtean Positivism on Victorian Britain, Cambridge 1986; Bernhard Plé, Die Welt aus den Wissenschaften. Der Positivismus in Frankreich, England und Italien von 1848 bis ins zweite Jahrzehnt des 20. Jahrhunderts. Eine wissenssoziologische Studie, Stuttgart 1996; Sybil de Acevedo u. a. (Hg.), Auguste Comte. Qui êtes-vous?, Lyon 1988, S. 345-349.

146 Vgl. Arthur S. Link/William B. Catton, American Epoch. A History of the United States since 1900, Bd. 2: An Era of Total War and Un-

certain Peace 1938-1980, New York 1980, S. 910: »[...] the psychic significance of the Apollo program should not be underestimated. It had afforded a new and altogether priceless vision. At about the time of the first lunar orbit in late 1968, the childish competitive notion of a space race with Russia had begun to give way to a new and more mature perspective – induced primarily by a dramatic photograph, taken from Apollo 8 in lunar orbit, of the planet earth rising over the rim of the moon's horizon. Poet Archibald MacLeish had summed it up: ›To see the earth as it is, small and beautiful in that silence where it floats, is to see ourselves as riders on earth together, brothers who know now they are truly brothers‹.«

147 Montesquieu, Vom Geist der Gesetze, a.a.O., S. 180.

148 Dass sich Intellektuelle im Allgemeinen und Soziologen im Besonderen gern als geistliche Gewalt aufspielen, hat Helmut Schelsky Anfang der Siebzigerjahre, als die Soziologie im Windschatten der 68er-Bewegung Hochkonjunktur hatte, konstatiert: »Im Grunde genommen geht es hier wieder um den in der Geschichte Europas uralten *Widerstreit von weltlicher und geistlicher Herrschaft in einem modernen Gewande*. Es wird sich zeigen, daß die sozialen Strukturen sowie die Handlungs- und Denkformen einer neuen Herrschaftsgruppe bis ins einzelne – man ist versucht zu sagen: in geradezu lächerlicher Ähnlichkeit – den Herrschafts- und Handlungsformen des Klerus in früheren Zeiten entsprechen.« Vgl. Helmut Schelsky, Die Arbeit tun die anderen. Klassenkampf und Priesterherrschaft der Intellektuellen, Opladen 1975, S. 13. Heute ist es vor allem Pierre Bourdieu, der sich diesem gesellschaftspolitischen Erbe verschreibt und eine entsprechende soziale Geltung für die Soziologie reklamiert – auch er übrigens mit Hinweis auf Pascal. Vgl. Pierre Bourdieu, Méditations pascaliennes, Paris 1997.

149 Jacques Le Goff, Das mittelalterliche Europa und das Europa von morgen, a.a.O., S. 81 f.

150 Ebenda, S. 107. Vgl. hierzu auch: Wolfgang Lipp, Heimat – Nation – Europa: Wohin trägt uns der Stier? Standorte in Bewegung, Würzburg 1999.

Literaturhinweise

1. Texte von Auguste Comte

E Ecrits de jeunesse 1816-1828, Paris 1970.

R Mes réflexions. Humanité, vérité, justice, liberté, patrie. Rapprochements entre le régime de 1793 et celui de 1816, adressés au peuple français, in: ders., Ecrits de jeunesse 1816-1828, Paris 1970, S. 417-431.

P Plan der wissenschaftlichen Arbeiten, die für eine Reform der Gesellschaft notwendig sind (1822/1824), München 1973.

W Philosophische Betrachtungen über die Wissenschaften und über die Gelehrten (1825), in: Rütger Schäfer (Hg.), Saint-Simonistische Texte, Aalen 1975, S. 219-298.

G Betrachtungen über die geistliche Gewalt (1825/26), in: Rütger Schäfer (Hg.), Saint-Simonistische Texte, Aalen 1975, S. 299-378.

C123 Die Positive Philosophie, Bd. 1 (1830-1835-1838), Leipzig 1883.

C4 Soziologie, Bd. 1: Der dogmatische Teil der Sozialphilosophie (1839), Jena 1907.

C5 Soziologie, Bd. 2: Historischer Teil der Sozialphilosophie: Theologische und metaphysische Periode (1841), Jena 1907.

C6 Soziologie, Bd. 3: Abschluß der Sozialphilosophie und allgemeine Folgerungen (1842), Jena 1911.

CP Calendrier positiviste, ou Système général de commémoration publique, Paris 1849.

S1 Système de politique positive, ou Traité de sociologie, instituant la religion de l'Humanité, Bd. 1: Contenant le Discours préliminaire, et l'Introduction fondamentale (1851), Osnabrück 1967.

S2 Système de politique positive, ou Traité de sociologie, instituant la religion de l'Humanité, Bd. 2: Contenant la Statique sociale ou le Traité abstrait de l'ordre humain (1852), Osnabrück 1967.

S3 Système de politique positive, ou Traité de sociologie, instituant la

religion de l'Humanité, Bd. 3: Contenant la Dynamique sociale ou le Traité général du progrès humain (1853), Osnabrück 1967.
S4 Système de politique positive, ou Traité de sociologie, instituant la religion de l'Humanité, Bd. 4: Contenant le Tableau synthétique de l'avenir humain (1854), Osnabrück 1967.
K Katechismus der Positiven Religion (1852), Leipzig 1891.
A Aufruf an die Konservativen (1855), Neufeld 1928.

2. Texte über Auguste Comte

Werner Fuchs-Heinritz, Auguste Comte. Einführung in Leben und Werk, Opladen 1998.
Henri Gouhier, La jeunesse d'Auguste Comte et la formation du positivisme, Bd. 1: Sous le signe de la liberté, Paris 1933.
Ders., La jeunesse d'Auguste Comte et la formation du positivisme, Bd. 2: Saint-Simon jusqu'à la restauration, Paris 1936.
Ders., La jeunesse d'Auguste Comte et la formation du positivisme, Bd. 3: Auguste Comte et Saint-Simon, Paris 1941.
Ders., La vie d'Auguste Comte (1931), Paris 1965.
Jürgen von Kempski, Einleitung, in: Auguste Comte, Die Soziologie. Die positive Philosophie im Auszug, Stuttgart 1974, S. IX-XXXVII.
Mary Pickering, Auguste Comte. An Intellectual Biography, Cambridge 1993.

Zeittafel

1789	Französische Revolution. Der dritte Stand erklärt sich zur Nationalversammlung. Abschaffung der Feudalrechte. Erklärung der Menschen- und Bürgerrechte.
1791	Gründung einer konstitutionellen Monarchie mit Ludwig XVI. als Exekutive.
1792	Beginn des Krieges mit den europäischen Mächten. Absetzung von Ludwig XVI. Einberufung eines Nationalkonvents. Gründung der Ersten Republik am 22. September.
1793	Hinrichtung Ludwigs XVI. Gegenrevolutionäre Aufstände. Verabschiedung und Suspendierung der Verfassung des Jahres I. Robespierre erobert die Macht im Konvent. Kalenderreform mit rückwirkender Geltung ab dem 22. September 1792. Fest der Vernunft.
1793-94	»Terreur« unter Robespierre.
1794	Fest des höchsten Wesens. Sturz Robespierres und Ende der »terreur«. Beginn der »terreur blanche«.
1795	Gründung des Direktoriums; Verabschiedung der Verfassung des Jahres III.
1798	Geburt Auguste Comtes in Montpellier.
1799	Staatsstreich Napoleon Bonapartes. Auflösung des Direktoriums. Konsulat unter Napoleon als Erstem Konsul. Konsulatsverfassung.
1802	Napoleon wird Konsul auf Lebenszeit.
1804	Verabschiedung des Code Napoléon. Proklamation Napoleons zum Kaiser. Selbstkrönung Napoleons in Notre-Dame.
1806	Rückkehr zum gregorianischen Kalender am 1. Januar.
1814	Abdankung Napoleons nach der Niederlage gegen die europäischen Mächte. Beginn der Restauration unter Ludwig XVIII. Verabschiedung der Charte constitutionelle. Wiener Kongress.
1815	Rückkehr Napoleons (Cent jours) und Waterloo.

1816	Comte studiert an der Ecole polytechnique. Neuerliche »terreur blanche«. Comte wird der Schule verwiesen. Ludwig XVIII. lässt die Schule vorübergehend schließen. Erste schriftstellerische Versuche Comtes: *Mes réflexions.*
1817	Comte wird Sekretär Saint-Simons. Erste Publikationen unter der Ägide Saint-Simons.
1822-24	*Plan des travaux scientifiques nécessaires pour réorganiser la société.* Bruch mit Saint-Simon. Comte verdingt sich fürderhin auf nachrangigen akademischen Posten.
1825	Tod Ludwigs XVIII. Krönung Karls X. zum König. Comte heiratet Caroline Massin. *Considérations philosophiques sur les sciences et sur les savants.*
1825-26	*Considérations sur le pouvoir spirituel.*
1830	Julirevolution in Paris. Abdankung Karls X. Gründung einer konstitutionellen Monarchie (Julimonarchie) mit Louis Philippe als Bürgerkönig. *Cours de philosophie positive*, Bd. 1.
1831-34	Arbeiteraufstände und republikanische Unruhen in Lyon und Paris.
1835	*Cours de philosophie positive*, Bd. 2.
1838	*Cours de philosophie positive*, Bd. 3.
1839	*Cours de philosophie positive*, Bd. 4.
1841	*Cours de philosophie positive*, Bd. 5.
1842	*Cours de philosophie positive*, Bd. 6. Trennung von Caroline Massin.
1844	*Discours sur l'esprit positif.* Bekanntschaft mit Clotilde de Vaux.
1846	Clotilde de Vaux stirbt.
1848	Beginn der Februarrevolution. Abdankung Louis Philippes. Gründung der Zweiten Republik. Barrikadenkämpfe in Paris. Verabschiedung einer Verfassung. Sieg Louis Napoleon Bonapartes bei den Präsidentschaftswahlen. Comte gründet die Société positiviste.
1849	*Calendrier positiviste.*
1851	*Système de politique positive*, Bd. 1. Staatsstreich Louis Napoleons.
1852	*Catéchisme positiviste.* Louis Napoleon wird Kaiser Napoleon III. Beginn des zweiten Kaiserreiches (bis 1870). *Système de politique positive*, Bd. 2.

1853	*Système de politique positive*, Bd. 3.
1854	*Système de politique positive*, Bd. 4.
1855	*Appel aux conservateurs.*
1856	*Synthèse subjective.*
1857	Comte stirbt am 5. September.

Gerhard Wagner, geb. 1958, ist Privatdozent an der Fakultät für Soziologie der Universität Bielefeld. Publikationen in den Bereichen soziologische Theorie und Kultursoziologie.

In der Reihe »Zur Einführung« im Junius Verlag bisher erschienen:

Theodor W. Adorno
von Gerhard Schweppenhäuser

Hans Albert
von Eric Hilgendorf

Karl-Otto Apel
von Walter Reese-Schäfer

Ingeborg Bachmann
von Stefanie Golisch

Roland Barthes
von Gabriele Röttger-Denker

Georges Bataille
von Peter Wiechens

Jean Baudrillard
von Falko Blask

Samuel Beckett
von Friedhelm Rathjen

Henri Bergson
von Gilles Deleuze

Hans Blumenberg
von Franz Josef Wetz

Jorge Luis Borges
von Adelheid Hanke-Schaefer

Pierre Bourdieu
von Markus Schwingel

Giordano Bruno
von Anne Eusterschulte

Martin Buber
von Siegbert Wolf

Edmund Burke
von Robert Zimmer

Albert Camus
von Asa A. Schillinger-Kind

Elias Canetti
von Dagmar Barnouw

E.M. Cioran
von Richard Reschika

Auguste Comte
von Gerhard Wagner

Jacques Derrida
von Heinz Kimmerle

René Descartes
von Peter Prechtl

Wilhelm Dilthey
von Matthias Jung

Meister Eckhart
von Norbert Winkler

Mircea Eliade
von Richard Reschika

In der Reihe »Zur Einführung« im Junius Verlag bisher erschienen:

Norbert Elias
von Ralf Baumgart
und Volker Eichener

Epikur
von Carl-Friedrich Geyer

Paul K. Feyerabend
von Eberhard Döring

Johann Gottlieb Fichte
von Helmut Seidel

Michel Foucault
von Hinrich Fink-Eitel

Anna Freud
von Rolf Denker

Sigmund Freud
von Hans-Martin Lohmann

Hans-Georg Gadamer
von Udo Tietz

Gandhi
von Andreas Becke

Arnold Gehlen
von Christian Thies

Johann Wolfgang von Goethe
von Peter Matussek

Günter Grass
von Dieter Stolz

Jürgen Habermas
von Detlef Horster

Nicolai Hartmann
von Martin Morgenstern

Georg Wilhelm Friedrich Hegel
von Herbert Schnädelbach

Martin Heidegger
von Günter Figal

Heinrich Heine
von Ralf Schnell

Johann Friedrich Herbart
von Matthias Heesch

Johann Gottfried Herder
von Jens Heise

Thomas Hobbes
von Wolfgang Kersting

E.T.A. Hoffmann
von Detlef Kremer

Max Horkheimer
von Rolf Wiggershaus

Edmund Husserl
von Peter Prechtl

William James
von Rainer Diaz-Bone
und Klaus Schubert

In der Reihe »Zur Einführung« im Junius Verlag bisher erschienen:

Karl Jaspers
von Werner Schüßler

Jesus
von Peter Antes

C.G. Jung
von Micha Brumlik

Immanuel Kant
von Jean Grondin

Sören Kierkegaard
von Konrad Paul Liessmann

Alexander Kluge
von Rainer Stollmann

Lawrence Kohlberg
von Detlef Garz

Heinz Kohut
von Ralph J. Butzer

Konfuzius
von Xuewu Gu

Siegfried Kracauer
von Gertrud Koch

Jacques Lacan
von Gerda Pagel

Gotthold Ephraim Lessing
von Werner Jung

Emmanuel Lévinas
von Bernhard H.F. Taureck

Claude Lévi-Strauss
von Edmund Leach

John Locke
von Walter Euchner

Niklas Luhmann
von Walter Reese-Schäfer

Georg Lukács
von Rüdiger Dannemann

Martin Luther
von Dietrich Korsch

Jean-François Lyotard
von Walter Reese-Schäfer

Niccolò Machiavelli
von Quentin Skinner

Karl Mannheim
von Wilhelm Hofmann

Karl Marx
von Flechtheim/Lohmann

George Herbert Mead
von Harald Wenzel

Maurice Merleau-Ponty
von Christian Bermes

In der Reihe »Zur Einführung« im Junius Verlag bisher erschienen:

Conrad Ferdinand Meyer
von Andrea Jäger

Michel de Montaigne
von Peter Burke

Montesquieu
von Michael Hereth

Thomas Morus
von Dietmar Herz

Robert Musil
von Thomas Pekar

Friedrich Nietzsche
von Wiebrecht Ries

Nikolaus von Kues
von Norbert Winkler

Novalis
von Berbeli Wanning

Blaise Pascal
von Eduard Zwierlein

Jean Piaget
von Ingrid Scharlau

Platon
von Barbara Zehnpfennig

Helmuth Plessner
von Kai Haucke

Plotin
von Susanne Möbuß

Ezra Pound
von Alexander Schmitz

John Rawls
von Wolfgang Kersting

Paul Ricœur
von Jens Mattern

Richard Rorty
von Detlef Horster

Jean-Jacques Rousseau
von Günther Mensching

Jean-Paul Sartre
von Martin Suhr

Max Scheler
von Angelika Sander

Friedrich W.J. Schelling
von Franz Josef Wetz

Friedrich Schlegel
von Berbeli Wanning

Carl Schmitt
von Reinhard Mehring

William Shakespeare
von Bernhard H.F. Taureck

In der Reihe »Zur Einführung« im Junius Verlag bisher erschienen:

Georg Simmel
von Werner Jung

Baruch de Spinoza
von Helmut Seidel

Rudolf Steiner
von Gerhard Wehr

Botho Strauß
von Stefan Willer

Leo Strauss
von Clemens Kauffmann

Charles Taylor
von Ingeborg Breuer

Thomas von Aquin
von Rolf Schönberger

Christian Thomasius
von Peter Schröder

Paul Tillich
von Gerhard Wehr

Alexis de Tocqueville
von Michael Hereth

Paul Valéry
von Ralph-Rainer Wuthenow

Eric Voegelin
von Michael Henkel

Michael Walzer
von Skadi Krause
und Karsten Malowitz

Max Weber
von Volker Heins

Alfred North Whitehead
von Michael Hauskeller

Ludwig Wittgenstein
von Chris Bezzel

Angewandte Ethik
von Urs Thurnherr

Antike politische Philosophie
von Walter Reese-Schäfer

Argumentationstheorie
von Josef Kopperschmidt

Buddhismus
von Jens Schlieter

Die europäischen Moralisten
von Robert Zimmer

Europäische Mystik
von Gerhard Wehr

Feministische Theorien
von Regina Becker-Schmidt und
Gudrun-Axeli Knapp

In der Reihe »Zur Einführung« im Junius Verlag bisher erschienen:

Griechische Tragiker
von Wiebrecht Ries

Hinduismus
von Andreas Becke

Hermeneutik
von Matthias Jung

Semiotik
von Gerhard Schönrich

Die Sophisten
von Bernhard H.F. Taureck

Taoismus
von Florian C. Reiter

Die Vorsokratiker
von Carl-Friedrich Geyer